FOOD CARVING

전문 레스토랑 특급 세프의
식품조각 노하우 따라잡기

쉽게 배우는

식품조각

머리말

요리와 식품조각을 시작한 지 십여 년쯤 되었는데 처음 조각을 배울 때는 기본적인 꽃 만들기가 안 되어 꽃을 깎기 위해 한 달 동안 수백 번 연습을 해서 완성했습니다. 그렇게 힘들었던 이유는 지금보다 더 조각분야가 활성화되지 않아 배울 수 있는 학원이나 책이 없었기 때문입니다. 그러던 차에 식품조각의 종주국이라 할 수 있는 중국에서 전문 조각 수업을 받게 되었는데 조각을 배우면서 느꼈던 핵심 포인트와 중국 본토의 발전된 기술을 조각을 배우고자 하는 사람들에게 전달하여 좀 더 쉽게 배울 수 있도록 도움을 주고자 이 책을 쓰게 되었습니다.

이 책을 보고 모든 사람들이 다 똑같이 배울 수는 없습니다. 필자가 당부하는 말은 포기하지 말고 차근차근 즐기면서 배워가라는 것입니다. 이 책에 있는 모든 작품을 깎기까지는 필자도 엄청난 시간이 걸렸습니다. 요리와 식품조각은 예술로서 평생 조금씩 다듬어 갈 뿐이지 완벽한 것은 없습니다. 필자도 보다 발전해 나가는 것을 즐기는 것뿐입니다.

식품조각은 요리와 조화를 이루어 우리의 오감을 통해 삶에 기쁠 때는 활력을 주며, 슬플 때는 위로를 해주는 등 사람들에게 행복을 주는 예술인데 이런 즐거움을 보다 많은 사람들이 이 책을 통해서 알았으면 좋겠으며 또한, 우리나라 식품조각의 활성화에 도움이 되길 바랍니다.

끝으로, 책을 준비하는 2년의 시간 동안 도와준 제자 손태욱, 김충환, 양종대, 유성진, 박경석, 이정배 그리고 조각을 사랑하는 모임 이원웅 회장, 김동주님, 중국요리의 새로운 세계를 알려주시고 처음 조각을 배울 수 있도록 길을 열어준 이해동 사부님과 박영일 사부님에게 감사의 말을 전합니다. 또 중국 유학생활 동안 힘이 되어준 조용환 선배와 조각을 열정적으로 가르쳐주신 孔令海, 韓曉揮, 趙春源, 王成偉, 고권, 마수부 사부님과 사진 촬영을 해주신 이재성 사장님, 마지막으로 긴 집필 과정 동안 사랑과 격려의 말을 해준 가족과 사랑하는 아내 하진영에게 감사의 마음을 전합니다.

2011. 11 조각을 사랑하는
최 은 선

Contents

P·A·R·T 1
식품조각 이론

P·A·R·T 2
식품조각 과정

P·A·R·T 3

과일조각 과정

P·A·R·T 4

과일접시 작품

P·A·R·T 5

식품조각 완성작품 감상

PART 1

식품조각 이론

1. 식품조각의 유래 및 발전

식품 조각은 중국요리에 빠질 수 없는 예술구성 요소이다. 언제부터 시작되었는지를 알려주는 확실한 근거 자료는 없으나 원시시대를 벗어나 미를 추구하면서부터 시작된 것으로 추정되며 중국 선진시대 때 계란의 껍데기에 그림을 그린 것이 문헌상에 나타난 시발점이다. 식품조각은 식문화 변화에 의해 발전해 왔는데 중국은 70년대 이후 개방개혁에 따른 외식문화가 전파되면서 급속도로 발전하였으며 중국요리의 한 분야로 정착되었다. 식품조각은 더욱 발전된 목조각에 영향을 받아 점점 더 세밀하게 조각하는 추세이다.

우리나라 식품조각은 중국에서 들어온 화교 요리사들에 의해 시작되었으며 식문화가 고급화되면서 현재는 중식뿐 아니라 일식, 뷔페 등 다방면에서 활용되며 발전하고 있다.

2. 식품조각의 활용

| 테이블 세팅 |

주로 중식당이나 뷔페에서 많이 쓰이는 세팅 방법이다. 조각 세팅을 음식과 같은 접시가 아닌 다른 접시나 테이블에 세팅하는 방법으로, 음식을 돋보이게 하는 의미보다는 식공간을 화사하고 우아하게 보이도록 분위기를 한층 고조시키는 것이 주목적이다. 테이블 세팅 조각은 넓은 공간을 차지하므로 크고 웅장하게 조각하는 것이 좋으나 앞 사람이 안 보일 정도로 시야를 가리게 조각해서는 안 된다.

| 접시 세팅 |

주로 중식당이나 일식당에서 많이 쓰이며 접시 중앙 혹은 접시 가장자리 또는 접시 주위에 돌려서 음식과 같이 세팅하는 방법으로, 조각 작품의 높이는 접시 길이 $\frac{1}{2}$을 넘으면 안 된다. 또 조각 작품이 접시에 차지하는 넓이는 접시 넓이의 $\frac{1}{3}$을 넘어서는 안 된다. 조각이 너무 크거나 넓이를 너무 많이 차지하면 전체적인 조화나 안정감이 떨어지게 된다. 접시 세팅은 어디까지나 음식을 돋보이게 하는 게 주목적이라는 것을 간과해서는 안 된다.

3. 식품조각의 소재에 따른 의미

식품 조각의 소재는 동물, 식물, 사람, 어류, 아름다운 도안, 고전 등 모든 사물을 대상으로 한다. 각각의 대상에 대한 의미를 알고 조각하여야 하며 조각 전 연회의 특징을 잘 파악하여 소재를 정하는 것이 좋다. 식품조각의 소재는 음식과 조화를 잘 이루어야 하며 뱀, 쥐 등 혐오스러운 것과 금기시되는 것은 피해야 하고 활력, 기쁨, 복, 장수, 희망 등 좋은 의미를 담고 있는 소재로 정하는 것이 좋다.

| **용** | 용은 중화민족의 상징이며 위엄과 고귀함을 뜻한다. 예로부터 권력의 상징으로 왕의 의자나 궁궐장식 등에 용 문양을 많이 사용하였다. 용은 상상의 동물로 눈(호랑이), 코(사자), 혀(소), 비늘(잉어), 몸(뱀), 꼬리(금붕어), 다리(말), 발(독수리), 뿔(사슴), 머리털(사자), 귀(소) 등 여러 종류 동물의 특징을 합하여 만들어졌다.

| **봉황** | 봉황은 모든 새들의 왕으로 아름다움, 화평을 상징한다. 봉황도 역시 상상 속의 새인데 봉황의 몸(학), 벼슬(닭), 꼬리(공작), 등깃(원앙) 등은 여러 종류 새의 특징을 합하여 만들어졌다.

| **공작** | 공작은 새 중에 가장 화려하여 부귀를 뜻한다.

| **호랑이, 사자** | 호랑이와 사자는 용맹을 뜻하며 잡귀를 물리친다는 의미를 가진다.

| **까치** | 까치는 기쁜 소식을 가져다준다는 의미가 있다.

| **잉어** | 잉어가 중국 황허(黃河)강 상류의 용문 계곡을 오르면 용이 된다는 전설에서 등용문(登龍門)이라는 고사성어가 유래했다. 이 때문에 오늘날 잉어는 성공, 발전, 출세를 의미하게 되었다.

| **닭** | 닭의 벼슬은 관직을 뜻하며 새벽에 닭 울음소리는 잡귀를 물리친다는 의미가 있다.

| **매, 독수리** | 용맹, 위엄을 뜻한다. 높고 멀리 날 수 있으며 사냥감을 포착했을 때의 눈빛이 매섭기 때문에 성공, 발전을 의미한다.

| **소나무, 거북이, 학, 복숭아** | 장수를 의미한다.

| **말** | 발전과 성공을 의미한다.

4. 식품조각의 표현방법

미술분야의 표현방법은 정조, 부조, 투각, 양각, 음각 등 여러 가지로 분류할 수 있지만 필자는 식품조각에 많이 쓰이는 표현방법을 나름대로 독자들이 쉽게 이해할 수 있도록 두 가지로 분류하였다.

| **입체조각** |

동, 서, 남, 북 어디에서 봐도 완전한 형태로 조각하는 것을 말한다.

| **반입체조각** |

원재료 외형에 한쪽 면만 조각하는 것을 말하는데 수박조각이나 무 표면에 하는 용조각 등이 반입체조각이다.

5. 식품조각의 순서

(1) 주제 설정

연회의 성격, 요리와의 조화, 연회장소와의 조화 등을 고려하여 조각 작품의 주제를 설정한다.

(2) 표현방식 설정 및 재료 선택

작품을 세팅할 테이블이나 접시 그리고 주제에 따른 표현방식과 작품의 형태와 색에 따른 재료를 설정한다.

(3) 작품도안

표현하고자 하는 작품을 구체적으로 그려보고 중요부분을 숙지하고 무엇부터 조각할 것인지 생각한다.

(4) 작품조각

① 원 재료를 조각하고자 하는 형태의 큰 모양으로 만든다.
② 큰 형태를 다시 세분화하여 나눈다.
③ 세분화된 형태를 자세하고 구체적으로 조각한다.
④ 각각의 작품 구성요소들을 구도나 색에 따라 배치한다.

6. 식품조각의 도법

| 착(戳)도법 |

U형도나 V형도로 재료에 찔러서 활용하는 도법으로 각종 새 날개, 비늘, 옷 주름, 꽃 조각, 수박조각의 외형 등에 많이 쓰이는 도법이다.

| 절(切)도법 |

원재료를 조각하는 사물의 큰 형태를 만들 때 사용하는 도법으로, 위에서 아래로 썰기할 때 쓰는 도법이다.

| 각(刻)도법 |

식품 조각 시 제일 많이 사용하는 도법으로, 주도를 사용하여 재료를 위에서 아래로 깎아 줄 때 주로 사용하는 도법이다.

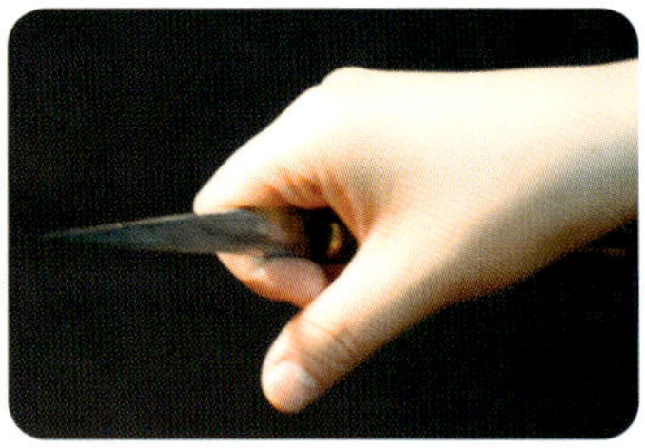

| 선(旋)도법 |

꽃 조각 시 많이 쓰는 도법으로 칼로 타원을 그리며 재료를 깎는 도법이다.

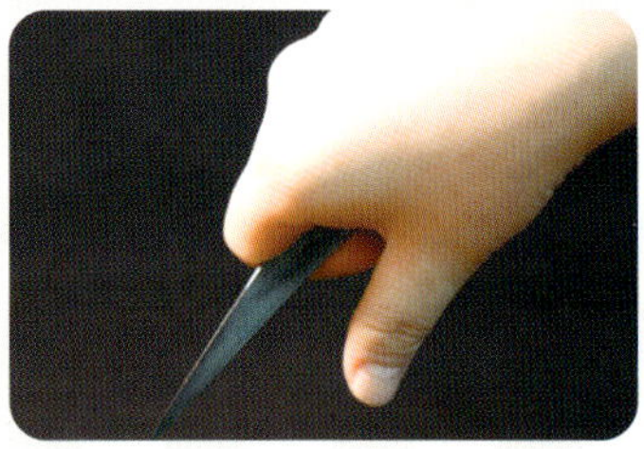

| 필(筆)도법 |

세밀한 부분의 조각과 외형을 그려 줄 때 사용하는 도법이다.

7. 식품조각의 재료

식품 조각의 재료는 고구마, 감자, 호박, 오이, 청경채, 당근, 무, 수박, 래디시, 파인애플, 멜론, 비트, 초콜릿, 버터 등 아주 다양하다. 조각 작품의 주제와 계절에 따라서 재료를 선택하면 된다. 처음 조각을 연습할 때는 여러 가지 재료로 같은 모양을 깎아 보면서 각각의 재료에 대한 특성을 파악해야 한다.

8. 식품 조각의 보관방법

완성된 작품은 깨끗한 물에 담아서 냉장 보관하며 무는 3~4일, 당근은 15~20일 정도 보관 할 수 있다. 조각 시 불가피하게 작업을 중단하게 될 경우 젖은 행주로 미완성 조각품을 감싸 두었다가 다시 조각하면 된다. 만약 미완성 조각품을 물에 담가 두면 재료가 너무 단단하게 되어 조각할 때 불편하기 때문이다.

9. 식품조각 도구

| 주도(主刀) |

가장 많이 사용되는 조각 도구로써 각도법, 선도법, 필도법으로 조각할 때 쓰인다.

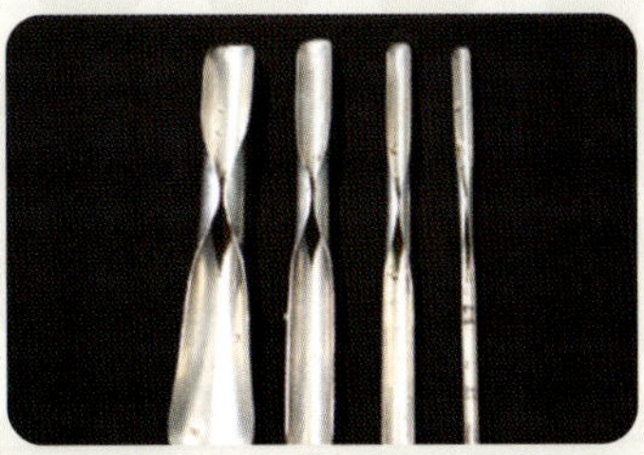

| U형도 |

새 날개나 옷 주름, 비늘 등을 조각할 때 쓰인다.

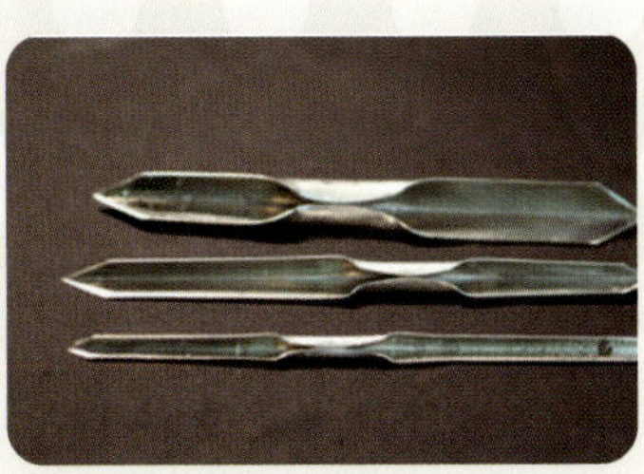

| V형도 |

옷 주름이나 새 깃털, 용 비늘 등을 조각할 때 쓰인다.

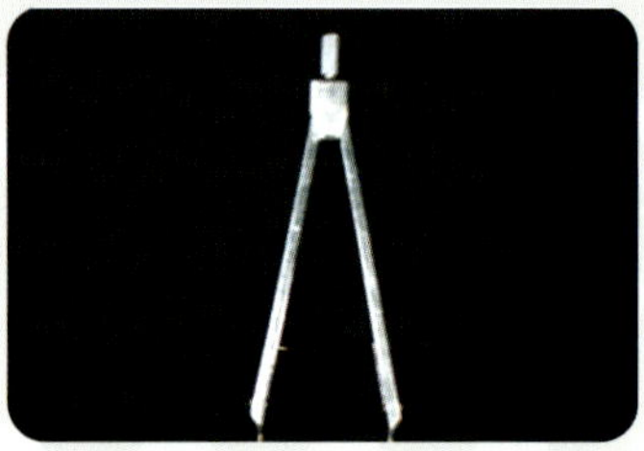

| 컴퍼스 |

수박 조각이나 큰 원형을 그릴 때 쓰인다.

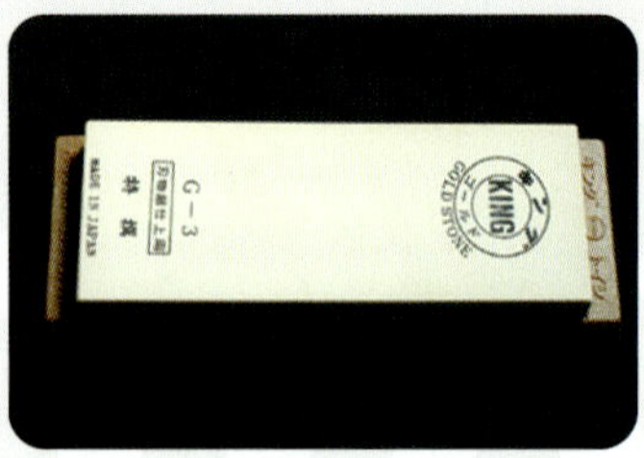

| 숫돌 |

숫돌 종류는 여러 가지가 있으나 식품조각 도구를 갈기 위해서는 1,000#의 숫돌에 갈다가 3,000# 이상의 숫돌에 마무리하여 갈면 된다.

10. 식품조각 도구 갈기

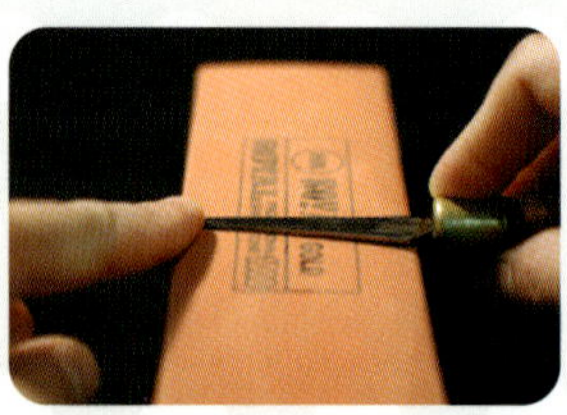

| 주도(主刀) |

먼저 칼 형태를 만들기 위해서 1,000#의 숫돌로 간다. 양면을 평평하게 만든 다음 3,000# 이상의 숫돌로 날을 세워주면 된다.

| V형도 |

V형도는 재질이 약하므로 3,000# 이상의 숫돌로 갈아 준다. 칼날을 사진과 같이 수평으로 갈아 준다. 안쪽 면은 삼각줄 또는 숫돌 모서리로 날을 세워준다.

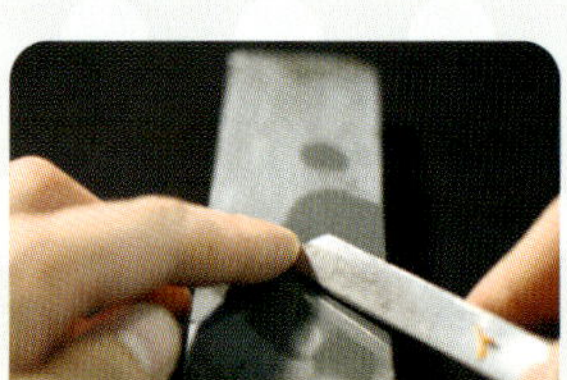
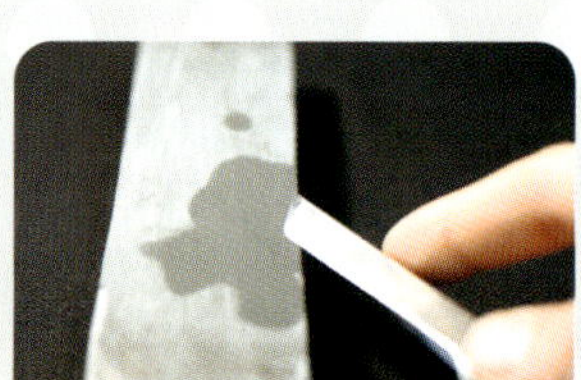

| U형도 |

숫돌을 세워서 한쪽은 큰 U형도, 한쪽은 작은 U도로 갈아준다. U형도로 숫돌에 갈면 쉽게 파이므로 세워서 갈아준다. 안쪽 면은 원형줄로 날을 세워준다.

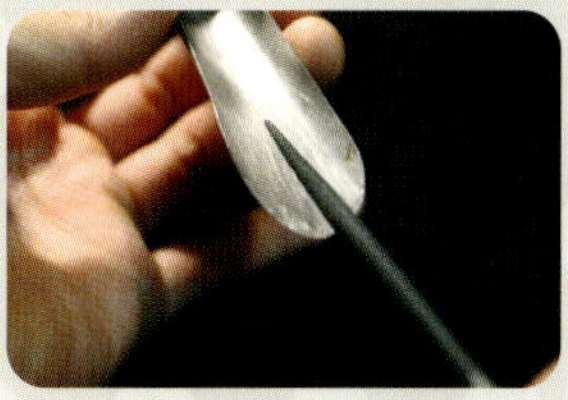

PART 2

식품조각 과정

건강에 좋은 과일 꽃 보여주기

토마토꽃

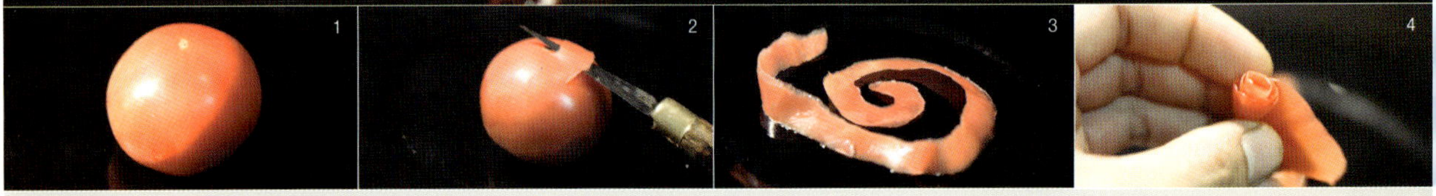

1 단단한 토마토를 준비한다. **2, 3** 얇게 1.5cm 넓이로 돌려서 깎아준다. **4** 끝부터 말아서 완성한다. **5** 완성

색감이 도는 채소 꽃 조각하기

당근사각꽃

· 전문가 한마디 ·

당근사각꽃은 조각시간이 얼마 걸리지 않아서 급하게 데코레이션을 할 때 아주 유용하다.

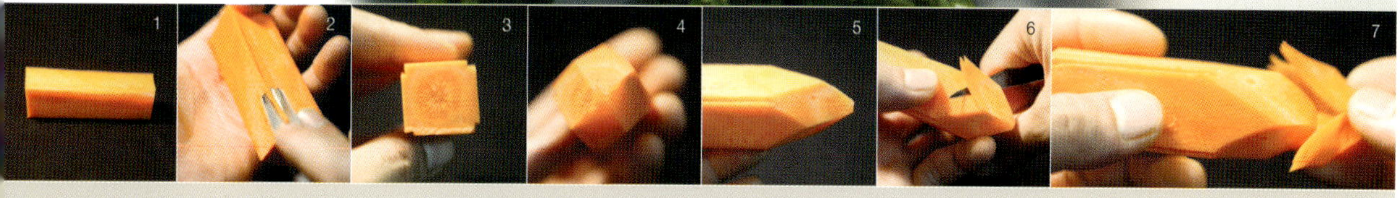

1 당근을 정 사각으로 자른다(절도법).
2 모서리를 V도로 홈을 내준다(착도법).
3 4면 모서리 모두 V도로 홈을 내준다.
4, 5 모서리 4면을 사진과 같이 잘라준다.
6 4면을 얇게 깎아준다(각도법).
7 중심을 잡고 비틀어 준다.
8 완성

오이로 섬세하게 모양내기

오이왕관

5

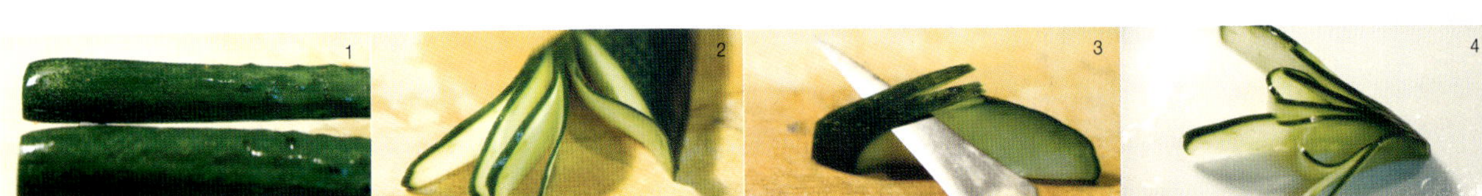

1 오이를 반으로 자른다.
2 사진과 같이 칼집을 6번 넣는다.
3 사진과 같이 칼집을 넣는다.
4 칼집을 넣은 2번째, 4번째 오이조각을 안으로 접는다.
5 완성

오이로 산뜻하고 신선하게 대나무를 표현하기

오이대나무

5

1 2 3 4

1 오이를 사진과 같이 자른다.
2 일정하게 칼집을 낸다.
3 칼을 눕혀서 칼집을 낸다.
4 칼을 눕혀서 칼집을 낸 것을 한쪽 방향으로 당긴다.
5 같은 방식으로 반복하여 완성한다.

간편하고 쉬운 청경채꽃 조각하기

청경채꽃

1 굵은 청경채를 준비하여 사진과 같이 자른다.
2 청경채 줄기를 꽃잎 모양과 같이 자른다(필도법).
3 2번과 같은 방법으로 바깥쪽부터 안쪽으로 꽃잎모양을 전부 넣는다.
4 사진과 같이 꽃잎모양 안쪽을 얇게 다듬어준다.
5 4번과 같은 방법으로 바깥쪽부터 안쪽으로 꽃잎모양을 모두 얇게 다듬어준다.
6 마늘종 두 줄기를 준비한다.
7 사진과 같이 마늘종에 칼집을 넣는다(각도법).
8 완성

효과적인 채소장식 만들어보기

당근편 모양

• 전문가 한마디 •

당근편 모양은 중식에서 볶음요리나 탕 요리에 주로 쓰인다. 당근편 모양내기는 입체 조각을 하기 전에 필도법의 감각을 익히는 데 큰 도움이 된다.

배우기 쉬운 비늘모양 따라잡기

비늘 넣기 과정

• 전문가 한마디 •

여러 형태의 비늘 넣기 연습은 조각칼 사용 시의 감각을 길러준다.
또 각종 새의 깃털과 용의 비늘, 물고기의 비늘 등 다방면에 쓰이므로
연습을 많이 해두면 아주 유용하다.

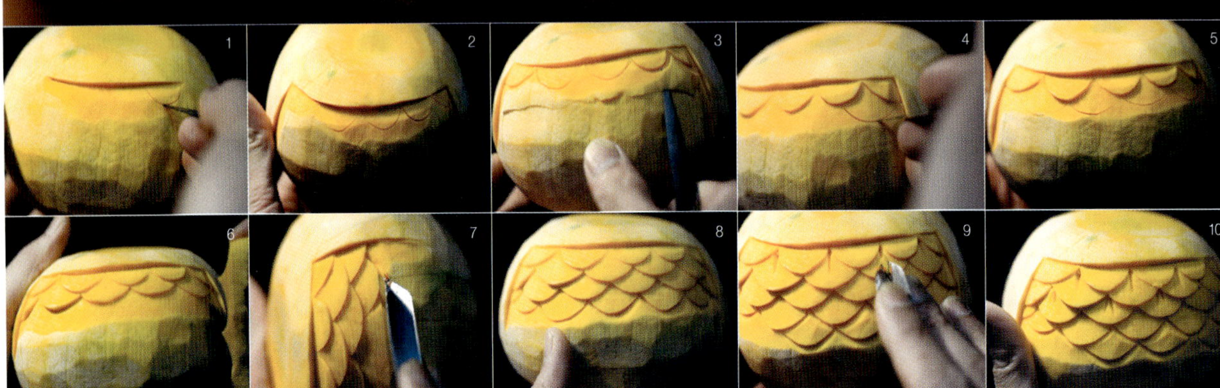

1 주도(主刀)를 이용하여 필도법으로 사진과 같이 그린다.
2 여러 개 비늘을 새긴다.
3 비늘 밑을 일정한 깊이로 떠낸다.
4 비늘 사이에 필도법으로 비늘을 새긴다.
5 같은 방식으로 반복해서 새긴다.
6 비늘 밑을 일정한 깊이로 깎아준다.
7 사진과 같이 V도를 눕혀서 비늘 모양을 깎는다.
8 7과 같은 방식으로 여러 개의 비늘을 새긴다.
9 비늘 중간에 V도로 사진과 같이 무늬를 넣는다.
10 비늘에 V도를 이용하여 2개의 무늬를 넣는다.

상큼한 레몬 조각하기

레몬말이꽃

· 전문가 한마디 ·

레몬말이꽃도 간단하게 만들 수 있으므로
급하게 데코레이션을 하게 될 때 아주 유용하다.

1 레몬을 1.5mm 두께로 사진과 같이 자른다.
2 레몬 슬라이스 1장을 돌돌 말아서 꽃 중심을 만든다.
3 다시 한 장을 더 돌돌 말아서 꽃 중심을 두껍게 한다.
4 3을 접시에 거꾸로 놓는다.
5, 6 레몬 슬라이스를 보기 좋게 대칭으로 배열한다.
7 6을 뒤집어서 완성한다.

고추와 파장식 조각 따라하기

홍고추, 파장식

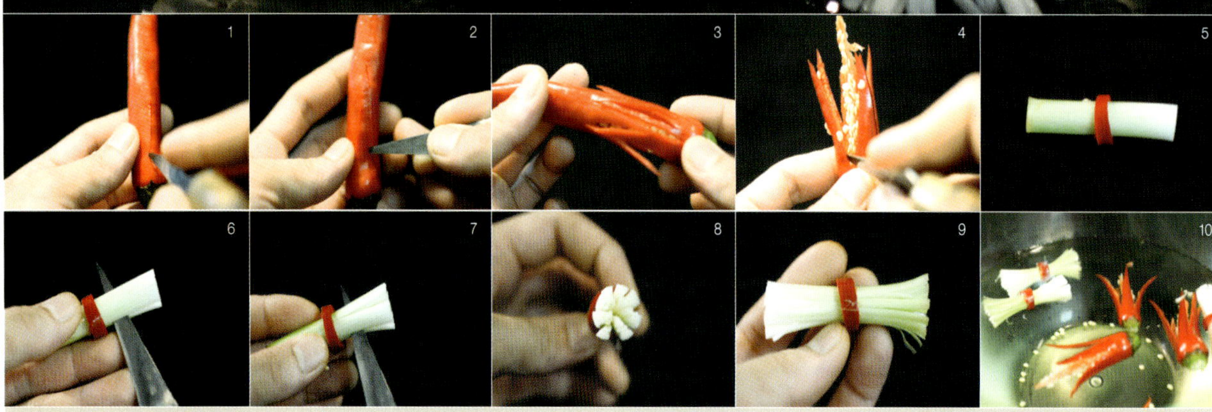

1, 2 똑바른 홍고추를 준비하여 필도법으로 꽃잎을 그려준다. 이때 고추 껍질만 벨 정도로 칼을 넣어준다.
3 고추씨가 뜯어지지 않도록 조심하여 분리한다.
4 꽃잎모양에 붙은 씨를 칼로 정리한다.
5 홍고추를 7mm 정도 두께로 자른 다음 6cm 정도 길이로 자른 파 중심에 끼워준다.
6 파를 $\frac{1}{2}$ 칼집을 낸다.
7 파를 다시 반으로 갈라서 십자모양으로 칼집을 낸다.
8 다시 칼집을 내어 8면으로 나눈다.
9 8면을 16면으로 나눈다. 파의 끝부분 양쪽 모두 동일하게 한다.
10 완성된 파와 홍고추를 20분 동안 찬물에 담가둔다.
11 완성

밝은 햇살이 느껴지게 조각하기

해바라기

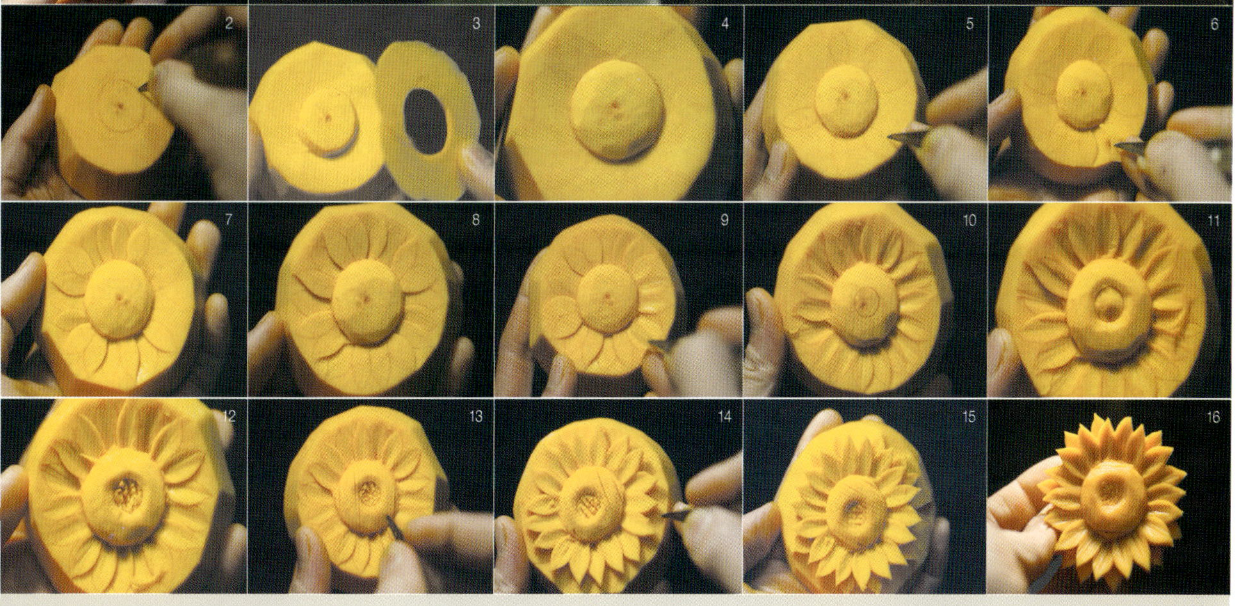

1 늙은 호박을 4cm 두께로 잘라준다.
2 컴퍼스로 원을 그린 다음 원을 따라 칼집을 낸다.
3 사진과 같이 잘라준다.
4 중앙을 다듬는다.
5 필도법으로 꽃잎을 그려준다.
6 잎 바깥쪽을 사진과 같이 잘라준다.
7 꽃잎을 필도법으로 그려준다.
8 여러 개의 꽃잎을 필도법으로 그려준다.
9 각 꽃잎 중앙에 홈을 내준다.
10 꽃 중앙에 원형으로 그려준다.
11 사진과 같이 다듬는다.
12 꽃 중앙에 꽃씨를 표현한다.
13 가로 세로 칼집을 내주어 해바라기 씨를 표현한다.
14 꽃잎 밑을 깎은 다음 꽃잎을 넣어준다.
15 같은 방식으로 3겹 정도 꽃잎을 만든다.
16 3겹꽃잎 조각 시 칼을 깊게 넣어서 마무리한다.
17 완성

가지로 아름다운 꽃 창조하기

가지꽃

1 가지를 8cm 정도 길이로 자른다.
2 가지를 세로로 6등분한다.
3 필도법으로 6등분한 모서리를 뾰족하게 다듬는다.
4 필도법으로 얇게 꽃잎을 두 번 잘라준다.
5 중심을 3cm 정도 잘라준다.
6 3겹꽃잎을 내주고 중심을 사진과 같이 다듬는다.
7 2겹꽃잎을 1겹꽃잎 사이에 끼운다.
8 완성

특색 있는 꽃잎모양 조각해보기

대려화 (V도)

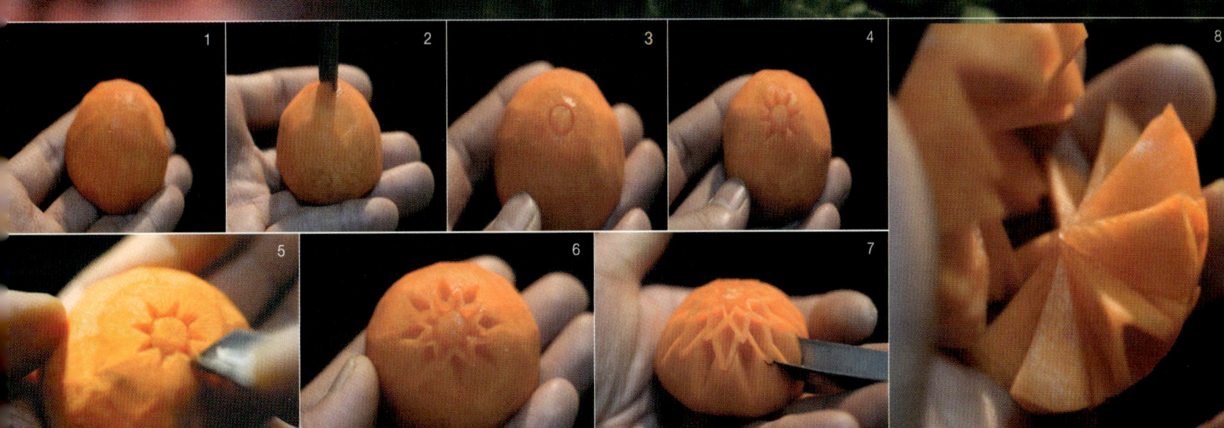

1 당근을 사진과 같이 깎아준다.
2 U도를 수직으로 세워 올려 칼집을 내준다.
3 칼집 낸 원형을 다듬는다.
4 V도로 8개 홈을 내준다.(착도법)
5 홈 내준 자리에 꽃잎을 V도로 조각한다.
6 완성된 꽃잎 사이사이에 V도로 홈을 내준다.
7 계속 같은 방식으로 만들다가 마지막 꽃잎은 깊게 찔러준다.
8 꽃 뒷면을 정리한다.
9 완성

특색있는 꽃잎모양 조각해보기

대려화 (U도)

• 전문가 한마디 •

대려화는 여러 번 연습을 통하여 U도의 크기를 잘 파악하고 적당한 크기의 U도로 바꿔가며 꽃잎을 만드는 것이 핵심이다.

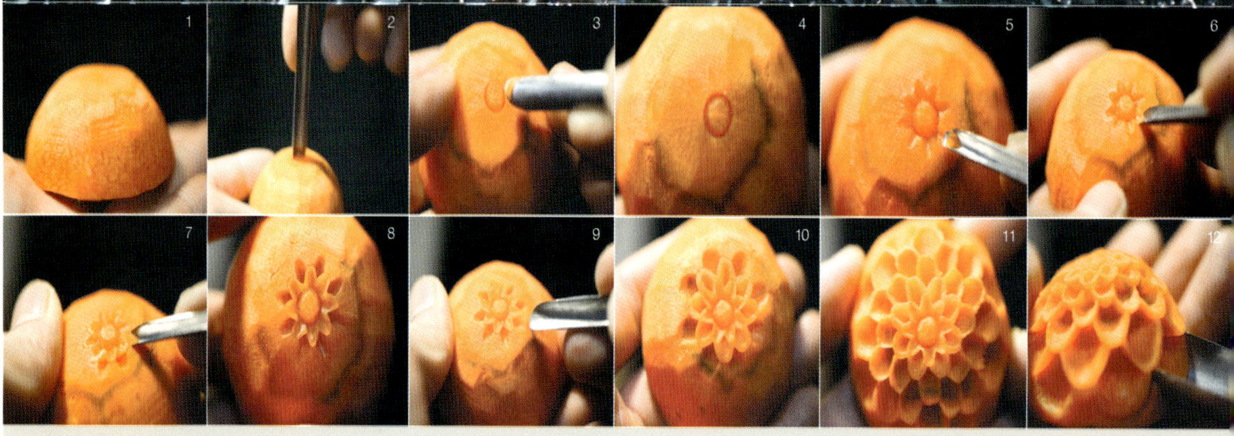

1 당근을 5cm 두께로 잘라 반원을 만든다.
2 U도로 돌려서 칼집을 낸다.
3, 4 칼집을 낸 원형을 U도로 다듬는다.
5 제일 작은 U도로 8개 홈을 내준다.
6 홈 내준 곳에 다시 작은 U도로 꽃잎을 내어준다.
7, 8 꽃잎 사이사이 좀 더 큰 U도로 꽃잎 들어갈 자리를 만들어 준다.
9 홈 내준 곳에 U도로 꽃잎을 만들어 준다.
10 다시 꽃잎 사이에 꽃잎이 들어갈 자리를 만든다.
11 계속 반복하여 사진과 같이 만든다.
12 마지막 꽃잎을 만들 때 깊숙하게 U도로 찔러준다.
13 완성

꽃의 특색대로 만들어보기

동백꽃

· 전문가 한마디 ·

동백꽃 조각법은 수박꽃 조각법과 똑같이 조각하므로 많이 연습해두면 좋다.

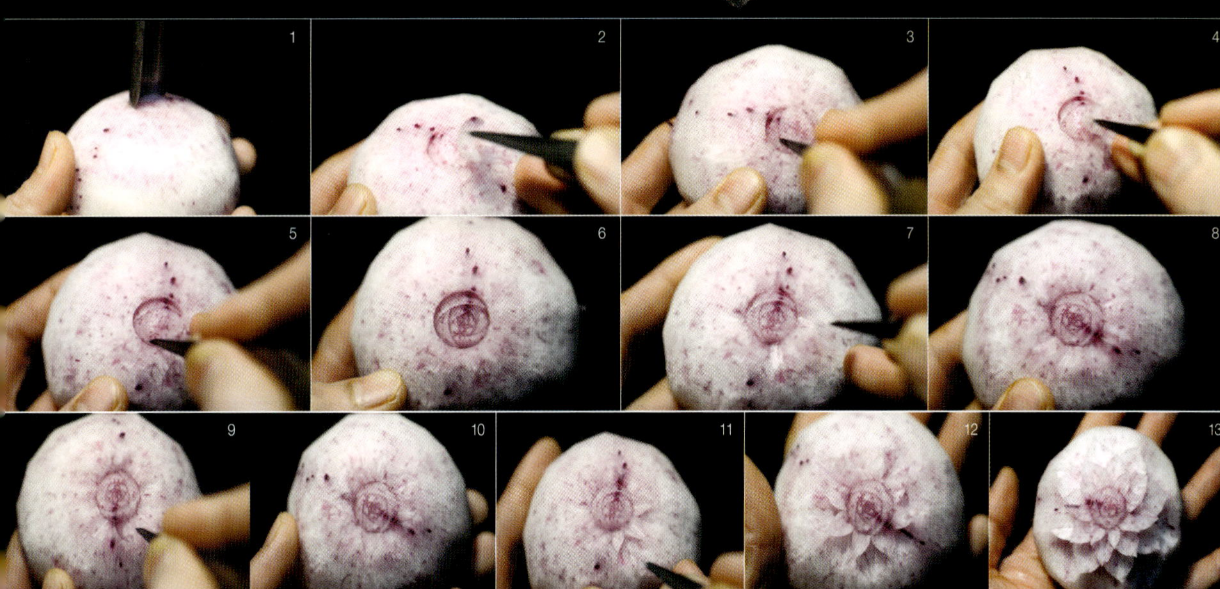

1 무를 반원이 되도록 다듬고 U도로 돌려서 둥근 모양을 만든다.
2 둥근 모양에 $\frac{1}{2}$ 정도 꽃잎 들어갈 자리를 잘라준다.
3 잘라준 면에 꽃잎 하나를 그린다.
4 꽃잎 들어갈 자리를 잘라준다.
5 잘라준 면에 두 번째 꽃잎을 만든다.
6 계속 5, 6과 같은 방법으로 반복해 꽃 중심을 만든다.
7 꽃잎 들어갈 자리를 십자모양으로 도려낸다.
8 십자 모양으로 도려낸 중간 중간을 도려내어 8개의 홈으로 만든다.
9 각 홈에 꽃잎을 그려준다.
10 꽃잎 모양을 일정하게 한다.
11 꽃잎 사이사이에 홈을 파준다.
12 파준 홈에다 꽃잎을 그린다.
13 다시 꽃잎 사이사이에 홈을 파준다.
14 완성

열정이 있는 장미꽃을 표현하기

장미

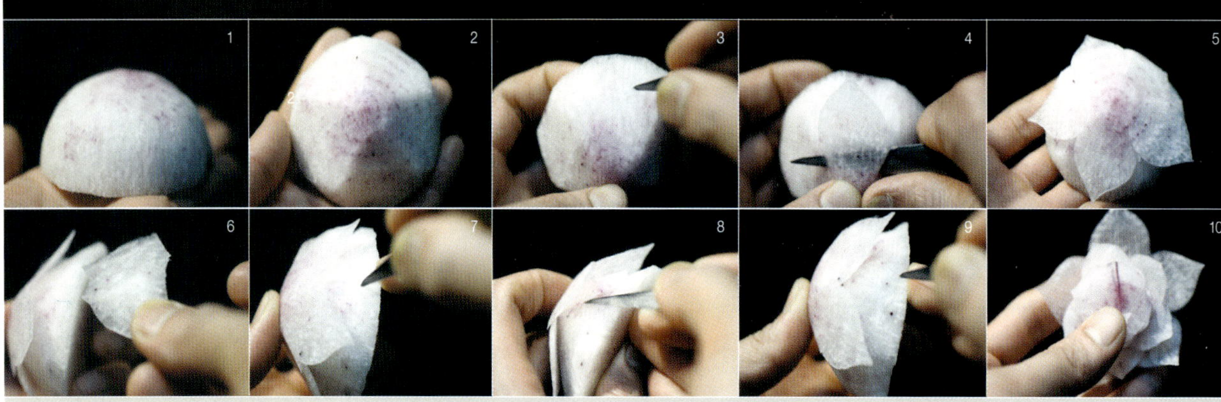

1 무를 반원이 되도록 다듬는다.
2 다섯 면의 크기가 비슷하도록 다듬는다.
3 다섯 면에 꽃잎을 그려준다.
4 꽃잎을 위에서 아래로 내려준다.
5 1겹꽃잎 완성
6 1겹꽃잎 사이에 다른 꽃잎 들어갈 자리를 마련해 준다.
7 다음은 면에 다른 꽃잎을 그려준다.
8 다음 꽃잎 들어갈 면을 잘라준다.
9 다음은 면에 꽃잎을 그려준다.
10 같은 방식으로 계속 돌려가며 꽃잎을 만든다.
11 완성

기초적인 꽃잎형태 따라잡기

기본 6각 꽃

• 전문가 한마디 •

꽃 조각 시 1겹꽃잎의 각도는 45~55도, 2겹꽃잎의 각도는 90도, 3겹꽃잎의 각도는 120도로 조각되었을 때 안정감이 있어 보인다. 그리고 같은 방식으로 5각 꽃으로도 연습해 보자.

12

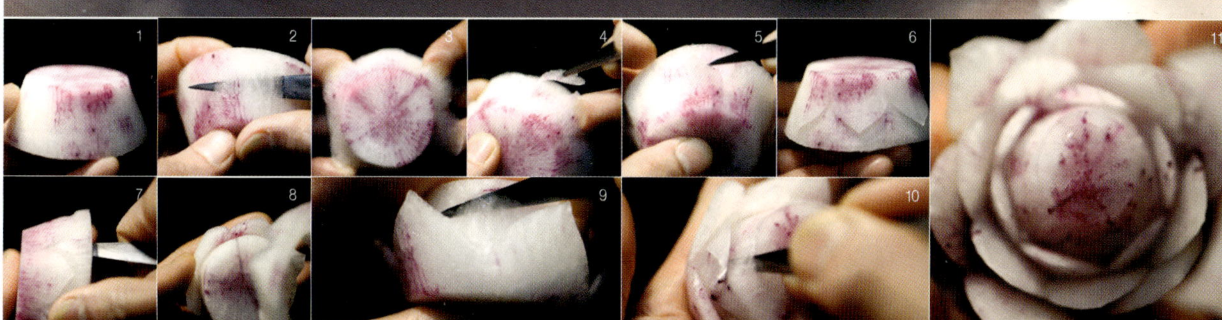

1 사진과 같은 모양으로 잘라준다.
2 각도법으로 꽃잎을 만든다.
3 2와 같은 방식으로 꽃잎 6장을 만든다.
4, 5 꽃잎 모양을 다듬는다(필도법).
6 6장 꽃잎 모두 다듬는다.
7, 8 꽃잎 안쪽을 칼을 돌려 가면서 깎아준다.
9 꽃잎 사이사이에 2겹꽃잎을 내주고 꽃잎 모양을 다듬는다.
10 2겹꽃잎을 내준 다음 돌려가며 3겹꽃잎 만든 자리를 깎아준다.
11 같은방식으로 3겹·4겹 꽃잎을 만든다.
12 완성

연꽃 느낌 살려 조각하기

연꽃 1

• 전문가 한마디 •

조각을 보다 빠르고 효율적이며 예쁘게 하기 위해 때로는 이미지를 간소화하거나 과장하여 표현한다 (연밥의 경우 실제로는 12개 이상이나 조각 시 효율이 떨어지므로 8개만 조각했음).

25

1 무를 타원형으로 깎는다.

2 엄지손가락 넓이로 잘라낸다.

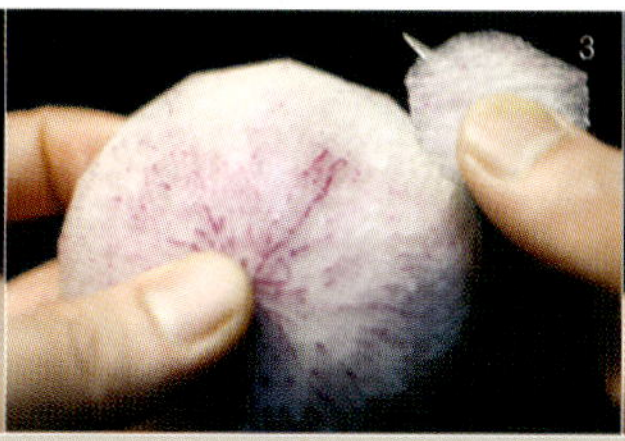

3 2의 깎은 면 옆에 같은 크기로 잘라준다.

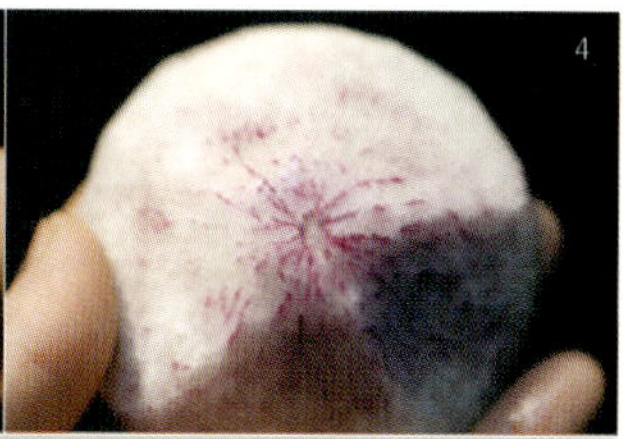

4 같은 방식으로 다섯 면을 잘라준다.

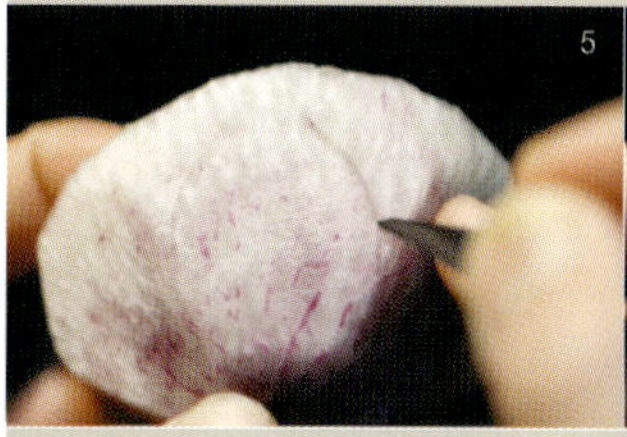

5 필도법으로 꽃잎 모양을 내준다.

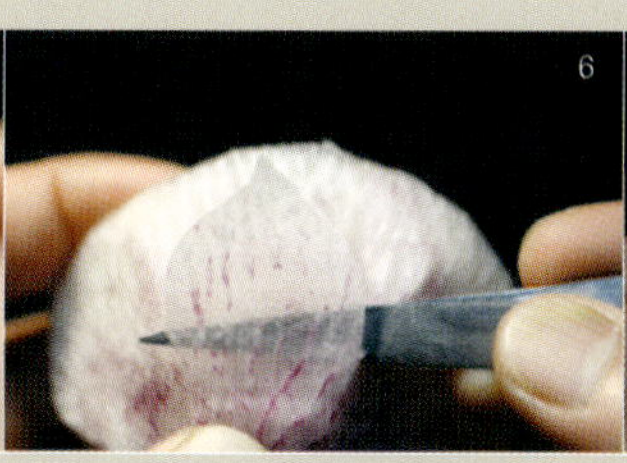

6 필도법으로 꽃잎을 얇게 깎아준다.

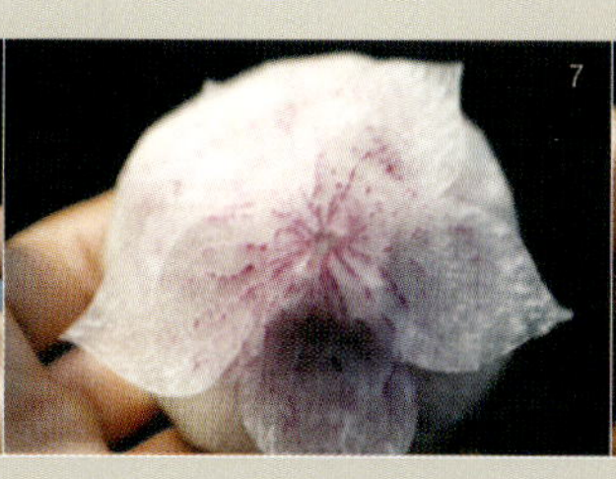

7 같은 방식으로 5장 꽃잎을 만든다.

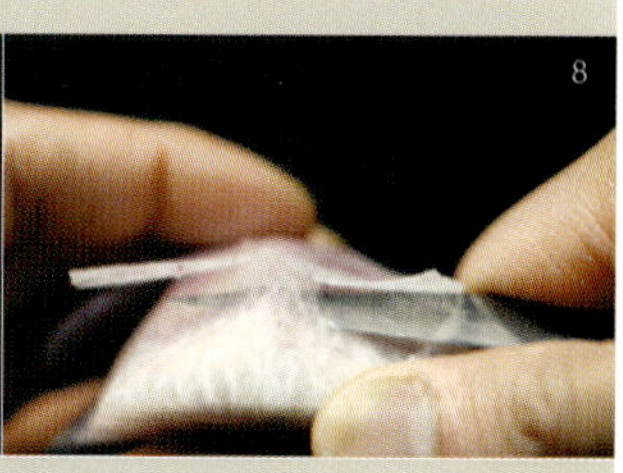

8 꽃잎 사이에 칼을 넣어서 다음 꽃잎 들어갈 자리를 깎아준다.

9 8과 같은 방식으로 5면을 깎아준다.

10 9에 면을 밑에서 위로 약간 타원형으로 잘라준다.

11 5면 모두 타원형으로 다듬는다.

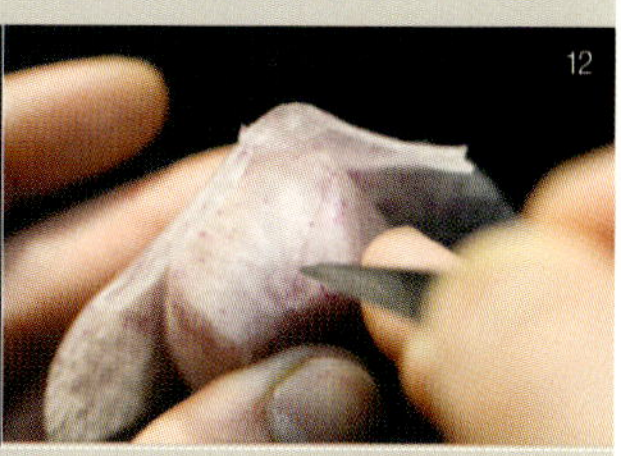

12 필도법으로 꽃잎 모양을 내준다.

13 필도법으로 꽃잎을 얇게 깎아준다.

14 2겹꽃잎 완성 후 꽃잎 사이사이에 꽃잎 들어갈 자리를 만들어 준다.

15 5면을 타원형으로 다듬는다.

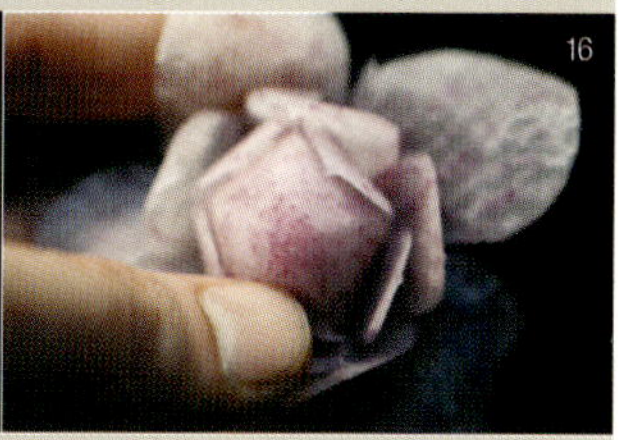

16 3겹꽃잎 5장을 만든다.

17 꽃 중심을 동그랗게 다듬는다.

18 V도로 꽃 중심을 돌려가며 찔러준다.

19 꽃 중앙을 도려낸다.

20 당근에 U도로 원형 칼집을 낸다.

21 작은 U도로 8개의 구멍을 낸다.

22 단호박 껍질에 작은 U도로 원 8개를 만든 후 도려낸다.

23 접착제로 연밥 구멍을 붙여준다.

24 연밥을 접착한다.
25 완성

연꽃 느낌 살려 조각하기

연꽃 2

• 전문가 한마디 •

꽃잎을 깎을 때는 각도법이나 필도법을 둘 다 사용 가능할 때가 있는데, 우선 필자를 따라서 꽃을 깎다가 어느 정도 숙련이 되면 자기 손에 편한 도법을 사용하면 된다. 조각이나 요리나 모방을 통해서 기술을 습득한 다음 축적된 기술을 바탕으로 삼아 자기만의 창조적인 작품을 만드는 것이다.

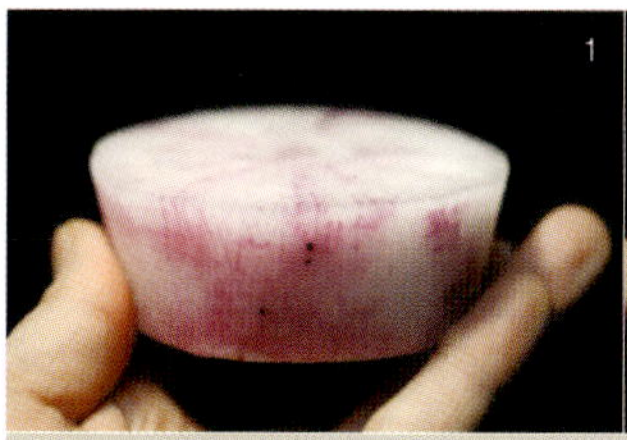

1 사진과 같이 보르도 무를 자른다.

2 V도로 6등분 홈을 내준다.

3 같은 방식으로 6면을 약간 둥그스름하게 잘라준다.

4 같은 방식으로 다섯 면을 잘라준다.

5 각 면에 꽃잎을 필도법으로 그려준다.

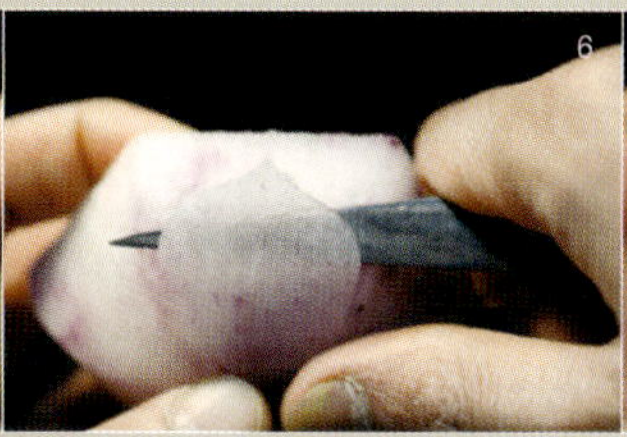

6 각도법으로 꽃잎을 얇게 깎는다.

7 6면 모두 깎는다.

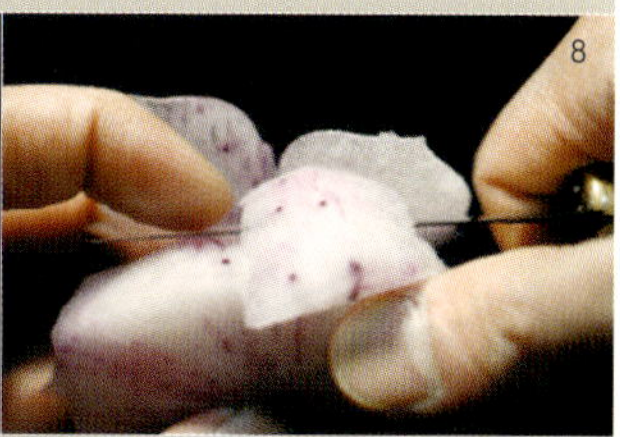

8, 9 꽃잎 사이사이에 2겹꽃잎 들어갈 자리를 만들어 준다.

10 사진과 같이 다듬는다.

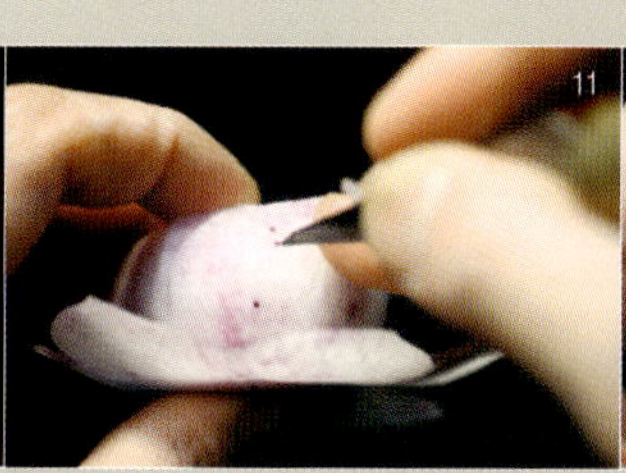

11 각 면에 꽃잎을 그려준다.

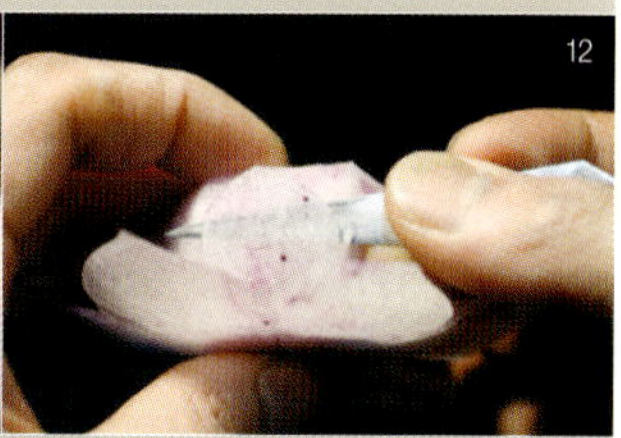

12 필도법으로 꽃잎을 얇게 깎는다.

13 2겹꽃잎 6장을 완성

14 꽃잎 사이사이에 3겹꽃잎 들어갈 자리를 만들어 준다.

15 사진과 같이 다듬는다.

16 3겹꽃잎 6장을 완성한다.

17 사진과 같이 잘라준다.

18 U도로 모서리를 다듬어준다.

19 6면 모두 다듬는다.

20 불필요한 사이사이를 정리한다.

21 U도로 연밥 들어갈 구멍을 내준다.

22 당근에 U도를 사용해 원형으로 연밥을 만든다.

23 당근을 3mm 두께로 잘라준다.

24 순간접착제로 연밥 씨를 붙인다.
25 완성

연꽃 느낌 살려 조각하기

연꽃 3

1 사진과 같이 다듬는다.
2 주도(主刀)로 중심에 홈을 파준다.
3 V도로 6개 홈을 파준다.
4 V도로 파준 홈에 꽃잎 6개를 V도로 내준다.
5 꽃잎 주위를 주도(主刀)로 도려낸다.
6 꽃 사이사이에 V도로 홈을 내준다.
7 홈 내준 자리에 꽃잎 6개를 V도로 내준다.
8 꽃잎 주위를 V도로 도려낸다.
9 다시 V도로 홈을 내준다.
10 계속 같은 방식으로 반복하여 꽃잎을 만든다.
11 마지막 꽃잎을 만들 때 깊게 V도로 찔러준 다음 꽃잎 밑면을 정리한다.
12 완성

꽃의 특징을 구상하고 만들어보기

월계화

• 전문가 한마디 •

월계화와 기본 6각 꽃을 완벽하게 깎을 수 있으면 거의 모든 꽃을 깎을 수 있게 된다. 왜냐하면 월계화와 기본 6각 꽃의 도법이 모든 꽃 조각의 모태가 되기 때문이다.

12

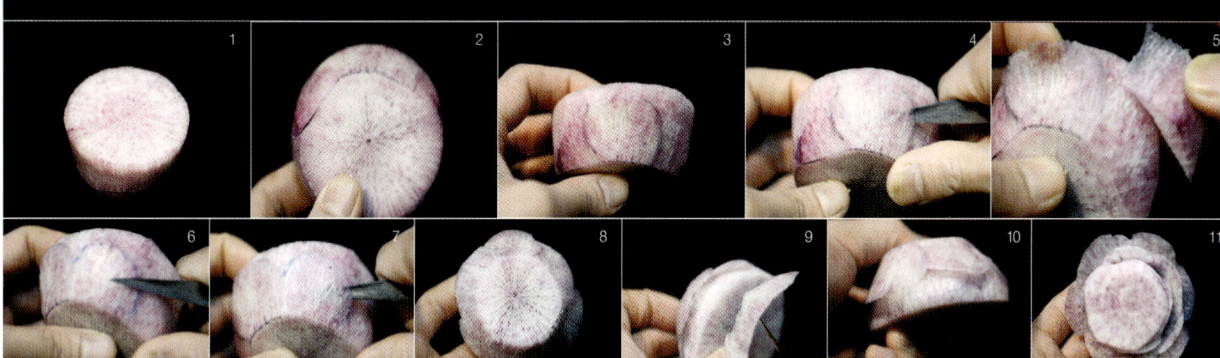

1 무를 다음과 같이 자른다.
2 꽃잎 들어갈 면을 선도법으로 잘라준다.
3 꽃잎을 동그랗게 만들 수 있도록 다듬는다.
4 선도법으로 꽃잎을 얇게 깎아준다.
5 다음 꽃잎 들어갈 자리를 깎아준다.
6 꽃잎을 동그랗게 만들 수 있도록 다듬는다.
7 선도법으로 두 번째 꽃잎을 얇게 깎아준다.
8 같은 방식으로 꽃잎을 완성한다(5~6장).
9 2겹꽃잎이 들어갈 자리를 만들기 위해 사진과 같이 처음 조각한 꽃잎이 끝나는 지점을 깎아준다.
10 꽃잎을 동그랗게 만들 수 있도록 다듬는다.
11 같은 방식으로 2겹 · 3겹꽃잎을 만든다.
12 완성

아름답고 지조 있는 국화 조각하기

국화

• 전문가 한마디 •

조각은 단시간에 깎는 꽃 조각 등을 제외하고 의자에 앉아서 주방 테이블이나 식탁 등에 놓고 편안한 자세로 하는 것이 좋다. 장시간 조각을 하는 경우 편한 자세가 아니면 집중력이 떨어질 수 있기 때문이다. 그리고 조명은 될 수 있으면 밝게 해야 한다. 세밀한 부분을 깎을 때 아주 집중해야 하므로 눈의 피로도가 그만큼 높기 때문이다.

1 사진과 같이 다듬는다.

2 중앙에 주도(主刀)로 홈을 내준다.

3 꽃잎 한 장을 만든다.

4 꽃잎 들어갈 자리를 만든다.

5 꽃잎을 겹쳐서 만들어 준다.

6 다음 꽃잎 들어갈 자리를 만들어 준다.

7 꽃잎을 겹쳐서 만들어 준다.

8, 9 같은 방식으로 꽃잎을 만들어 준다.

10 사진과 같이 계속 돌려가며 만들어 준다.

11 완성

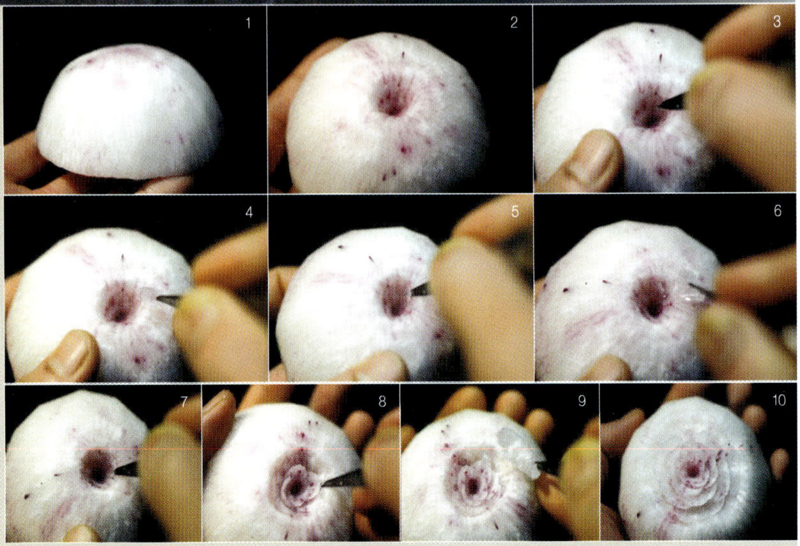

모란꽃을 화려하게 조각하기

모란1

• 전문가 한마디 •

필자가 경험한 바에 의하면 모란꽃 조각이 꽃 중에 가장 어렵다. 반복 연습을 통해서 틀린 점을 하나하나 고쳐나가자.

11

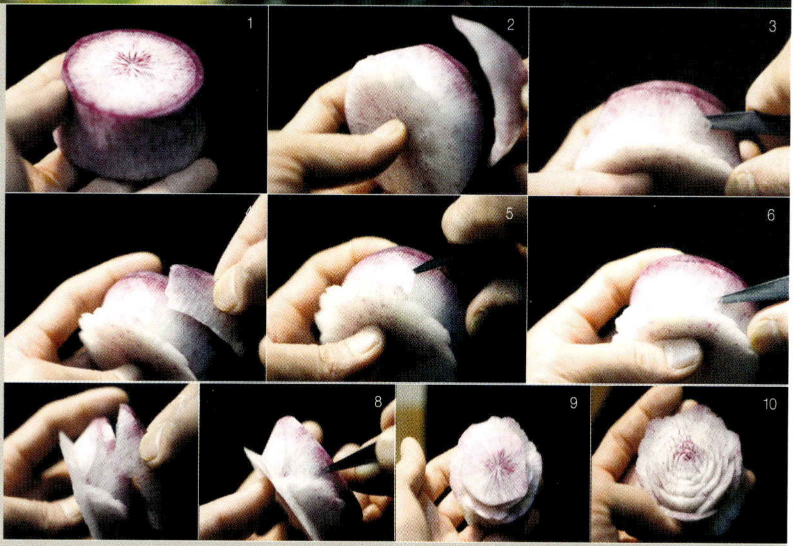

1 무를 4cm 두께로 자른다.

2 1겹꽃잎을 만든 다음 2겹꽃잎이 들어갈 자리를 깎아준다.

3 선도법으로 칼에 스냅을 주며 꽃잎을 만든다.

4 다음 꽃잎 들어갈 자리를 만든다.

5, 6 선도법으로 칼에 스냅을 주며 꽃잎을 만든다.

7 2겹꽃잎이 완성되면 꽃잎 사이에 3겹꽃잎이 들어갈 자리를 만들어 준다.

8 필도법으로 스냅을 주며 꽃잎을 만든다.

9, 10 같은 방식으로 계속 돌려가며 꽃잎을 만든다.

11 완성

모란꽃을 화려하게 조각하기

모란2

21

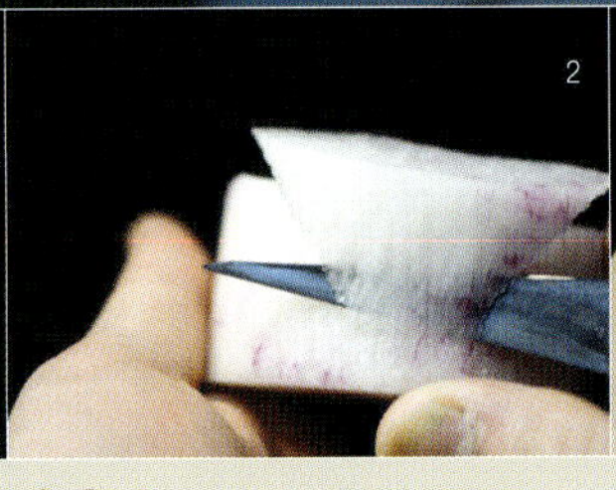

1 무를 5cm 두께로 자른다.

2, 3, 4 각도법으로 무를 동그랗게 다듬는다.

5 5면을 각도법으로 자른다.

6 5면의 크기를 일정하게 만들고 중심은 50원짜리 동전 크기 정도로 만든다.

7 꽃잎을 필도법으로 그린다.

8 꽃잎을 얇게 각도법으로 깎는다.

9 같은 방식으로 5장 꽃잎을 만든다.

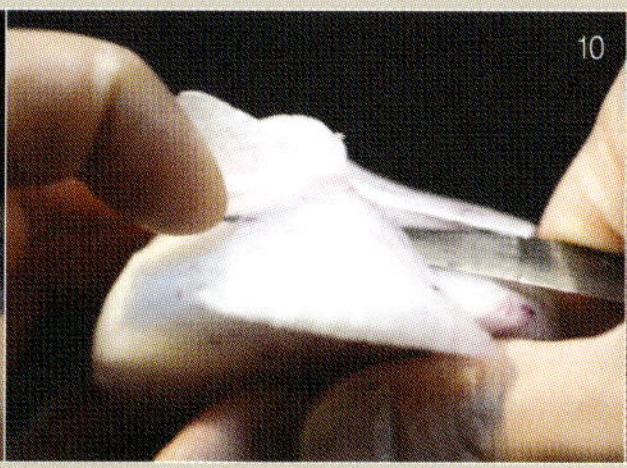

10 1겹꽃잎 사이에 칼을 넣어서 잘라준다.

11 사진과 같이 다듬는다.

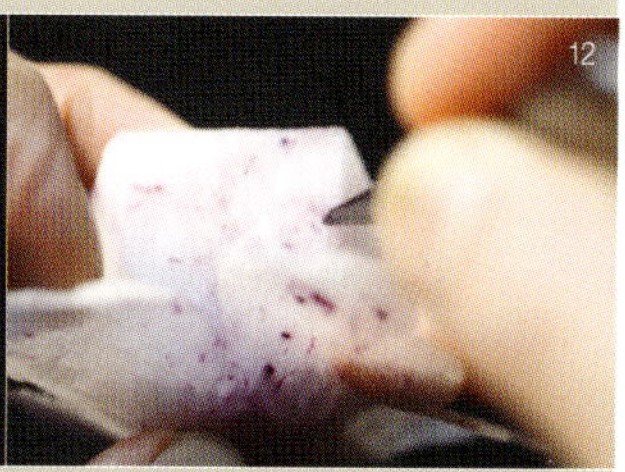

12 다듬은 면에 2겹꽃잎을 필도법으로 그린다.

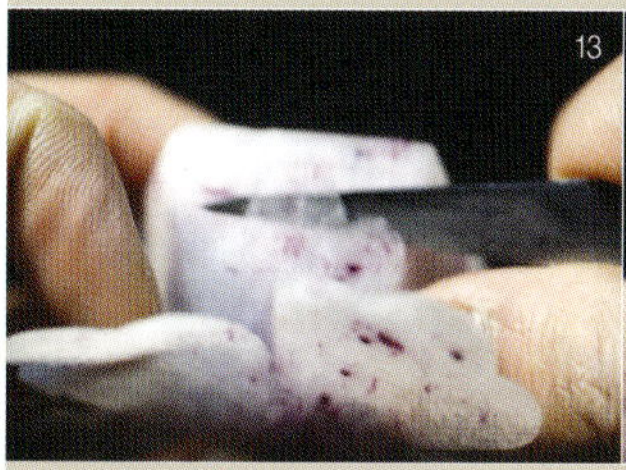

13 필도법으로 꽃잎을 내준다.

14 같은 방식으로 2겹꽃잎 완성 후 3겹 꽃잎이 들어갈 자리를 다듬어 준다.

15 3겹꽃잎을 만든다.

16 꽃 중심을 동그랗게 주도(主刀)로 다듬는다.

17 V도로 찔러준다.

18 중심을 주도(主刀)로 도려낸다.

19 호박을 원형으로 자른다.

20 V도로 가로, 세로 홈을 내주고 꽃 중심에 붙인다.

21 완성

조화롭고 생기 있는 꽃 표현하기

이쑤시개꽃 1

• 전문가 한마디 •

중국 동북지방에 있는 레스토랑에서 이쑤시개꽃을 많이 사용한다. 이쑤시개꽃은 무편을 얇게 해야 꽃잎을 잘 접을 수 있다.

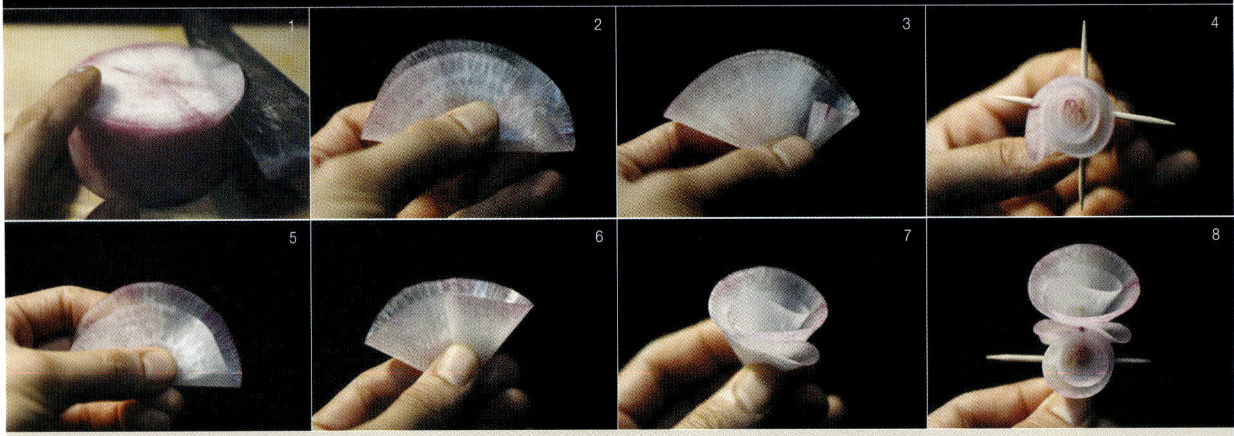

1 무를 원형으로 깎은 다음 칼을 눕혀서 얇게 편으로 5장을 만든다.
2 무편을 사진과 같이 접는다.
3 끝부터 돌돌 만다.
4 이쑤시개는 십자모양으로 꽂는다.
5 무편을 사진과 같이 접는다.
6 사진에서 보이는 지점까지 접는다.
7 반대쪽 부분을 접어서 사진과 같이 만든다.
8 이쑤시개에 꽂는다.
9 완성

조화롭고 생기 있는 꽃 표현하기

이쑤시개꽃 2

• 전문가 한마디 •

이쑤시개꽃 조각은 무를 얇고 일정하게 편으로 자르는 것과 이쑤시개에 꽃잎을 일정하게 꽂는 것이 핵심 과제이다.

1 사진과 같이 원형으로 자른 무에 V도로 촘촘하게 홈을 내준다.
2 얇게 편을 5장 내준다.
3 무를 사진과 같이 접는다.
4, 5 접은 무 끝부터 돌돌 만다.
6 십자모양으로 이쑤시개를 꽂는다.
7 무편을 사진과 같이 접는다.
8 사진에서 보이는 지점까지 접는다.
9 나머지 부분을 접는다.
10 이쑤시개에 꽂는다.
11 완성

조화롭고 생기 있는 꽃 표현하기

이쑤시개꽃 3

9

1 사진과 같은 모양으로 만든다.
2, 3 얇게 편을 5장 낸다.
4 사진과 같이 끝부터 돌돌 만다.

5 십자모양으로 이쑤시개를 꽂는다.
6 사진과 같이 접는다.
7 사진과 같이 접는다.

8 접은 것을 이쑤시개에 꽂는다.
9 완성

아름답고 화사하게
조각하기

꽃바구니

• 전문가 한마디 •

꽃바구니를 조각할 때 무의 크기에 따라서 V도로 내는 홈의 개수가 달라진다.

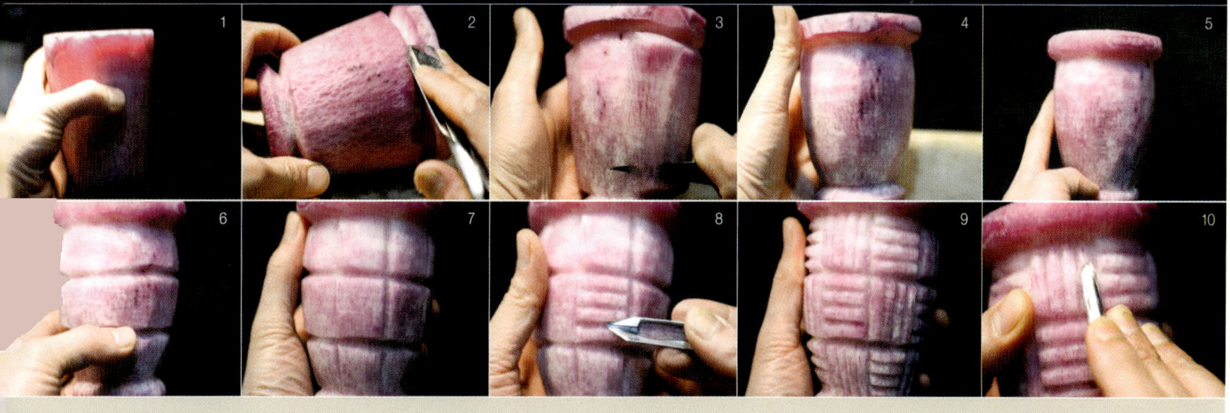

1 사진과 같이 무를 다듬는다.
2 V도로 무의 윗면과 아랫면에 각각 홈을 내준다.
3 각도법으로 홈 사이를 깎아준다.
4 돌려가면서 다듬는다.
5 U도로 무 위쪽과 아래쪽을 다듬는다.
6 V도로 가로로 3등분하여 홈을 내준다.
7 V도로 세로로 6등분하여 홈을 내준다.
8 V도로 4개의 홈을 내준다.
9 사진과 같이 V도로 가로 · 세로홈을 내준다.
10 홈을 U도로 다듬는다.
11 완성

가치 있고 기품 있게 표현하기

래디시꽃

• 전문가 한마디 •

앞에서 나온 꽃조각 방법을 응용하여 래디시에 여러 가지 방식으로 모양을 낼 수 있다. 단 래디시에는 빨간색과 흰색이 잘 살아나는 방식으로 조각해야 예쁘다.

호박의 느낌을 살려보기

단호박함

• 전문가 한마디 •

단호박은 식품 조각 재료 중 가장 단단하므로 조각할 때 집중하여 손을 베는 일이 없도록 주의한다.

1 껍질을 제거한 단호박에 V도로 홈을 내준다.
2 호박 윗면에 8등분하는 선을 그려준다.
3 8개의 꽃잎을 필도법으로 그려준다.
4 같은 방식으로 꽃잎을 여러 장 그려준다.
5, 6 V도로 비스듬하게 홈을 내준다.
7 사진과 같이 V도로 세로로 6등분한다.
8 V도로 가로로 홈을 내준다.
9 U도로 다듬는다.
10 주도(主刀)로 사진과 같이 칼을 넣어서 위뚜껑을 분리해준다.
11 완성

틀튼하고 단단한 느낌 표현하기

바위

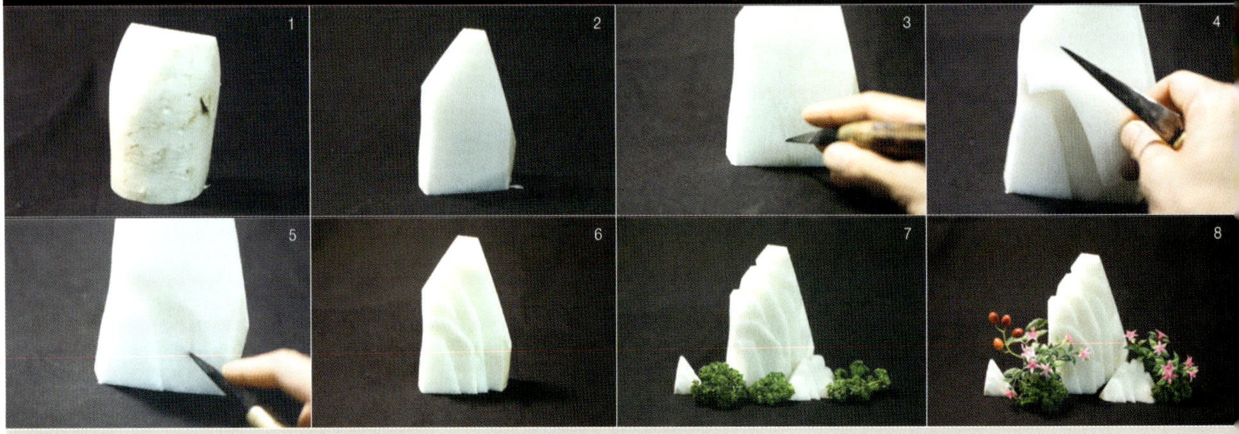

1 무를 준비한다.
2 사진과 같이 자른다(밑면이 더 두꺼운 형태).
3 첫째 바위 굴곡을 만들기 위해 칼집을 낸다.
4 칼집 낸 옆에 비스듬히 칼을 눕혀서 잘라준다.
5 바위 굴곡을 칼집 낸다.
6 같은 방식으로 사진과 같이 만든다.
7 작은 바위 두 개를 만든다.
8 완성

맛있고 영양좋은 연근 조각하기

연근 모양내기 1

• 전문가 한마디 •

연근은 바위를 만들 때 무나 당근으로 만든 메인조각과 색이 잘 어울린다. 그러나 연근은 속에 구멍이 나 있어서 바위 이외에 다른 조각은 하기 힘들다.

4

1

2

3

1 연근을 1.5cm 두께로 자른다. 2 연근의 구멍 사이에 홈을 내준다. 3 사진과 같이 만들어서 여러 장으로 편을 뜬다. 4 완성

맛있고 영양 좋은 연근 조각하기

연근 모양내기 2

· 전문가 한마디 ·

연근은 바위를 만들 때 무나 당근으로 만든 메인조각과 색이 잘 어울린다. 그러나 연근은 속에 구멍이 나 있어서 바위 이외에 다른 조각은 하기 힘들다.

4

1 2 3

1 통 연근을 준비한다. **2** 한쪽을 사진과 같이 깎아준다. **3** 돌려가며 깎아준다. **4** 완성

아기자기하게 나비 모양내기

나비

• 전문가 한마디 •

나비의 종류는 수천 가지에 이른다.
각종 나비 사진을 보고 날개 모양을 그려서
예쁜 날개 모양을 조각해보자.

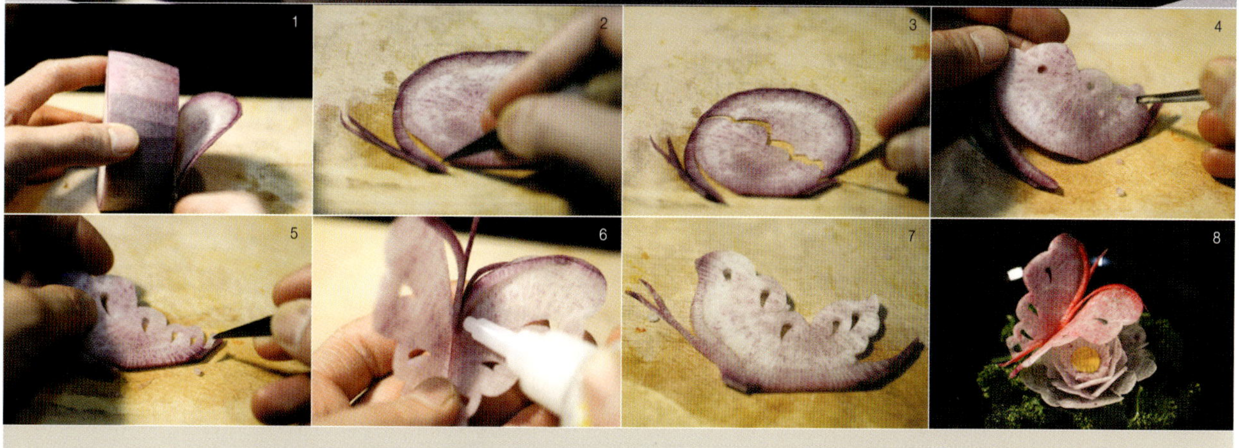

1 무를 밑면의 2~3mm 정도는 붙어있는 상태로 얇게 자르고 다시 같은 두께로 완전히 잘라준다.
2 사진과 같이 더듬이를 절단한다.
3 날개를 필도법으로 절단한다.
4 U도로 날개에 구멍을 내준다.
5 사진과 같이 주도로 모양을 내준다.
6 순간접착제로 날개 사이에 더듬이를 붙인다.
7 사진과 같은 날개 모양도 만들어 본다.
8 완성

고풍스러운 탑 살려보기

탑

1 당근을 사진과 같이 자른다.

2 당근 윗면에 5각형을 그린다.

3 위에서 아래로 넓어지는 오각뿔을 만든다.

4, 5 주도(主刀)로 1cm 깊이로 파서 나눈다.

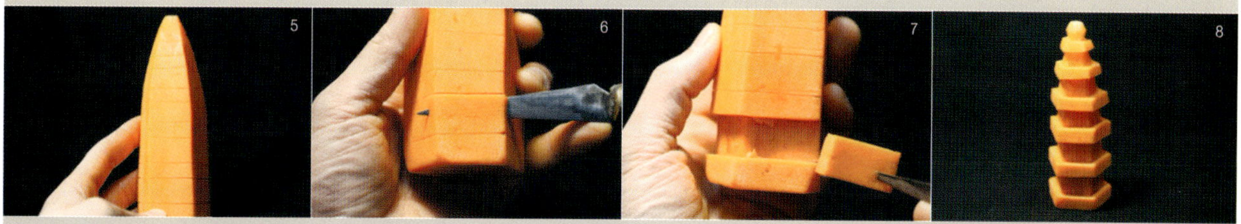

6, 7 두 번째 칸은 칼을 사진과 같이 넣어 서 파낸다.

8 다음과 같이 파낸다.

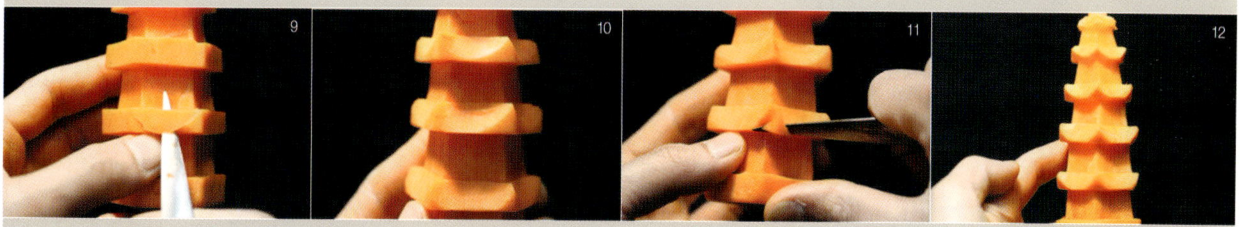

9 사진과 같이 칼을 넣어서 홈을 내준다.

10 모든 기와 면에 홈을 내준다.

11, 12 기와 모서리를 사진과 같이 각도법으로 깎아준다.

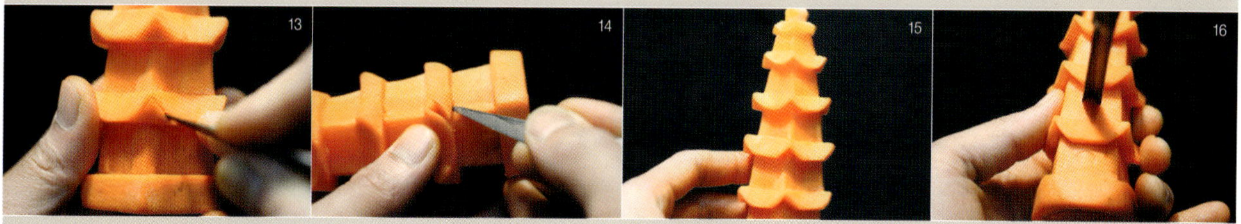

13, 14, 15 모서리에 다음과 같이 칼집을 넣어서 빼낸다.

16 U도로 사진과 같이 모든 면에 홈을 내준다.

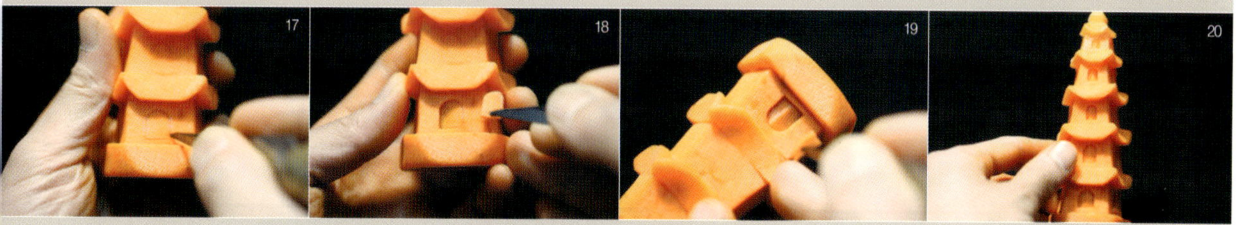

17 주도(主刀)로 사진과 같이 홈을 내준다.

18, 19, 20 사진과 같이 홈을 내준다.

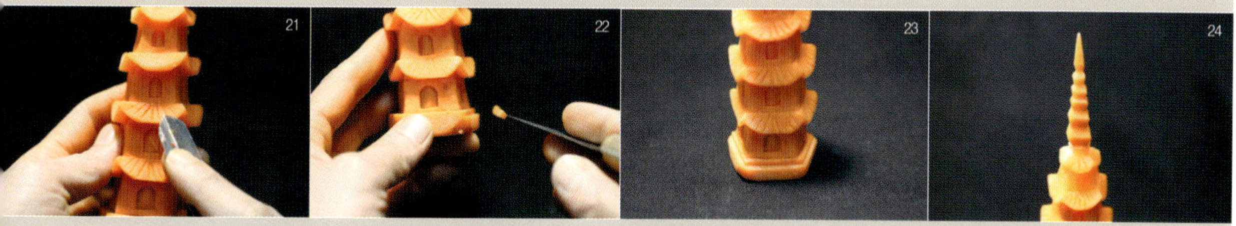

21 V도로 기와 무늬를 넣어준다.

22 탑 밑면을 계단식으로 만든다.

23 단호박 껍질에 작은 U도로 원 8개를 만든 후 도려낸다.

24 탑 상단을 만들어서 붙인다.
25 완성

수박에 꽃을 조화롭게 조각하기

수박꽃 조각과정 1

• 전문가 한마디 •

수박 조각을 할 때는 일정한 크기와 깊이로 깎아주어야 빨간색과 흰색을 살릴 수 있다.

1 수박 껍질을 사진과 같이 벗긴다.

2 컴퍼스로 중심에 원을 그린다.

3 원의 $\frac{1}{2}$을 사진과 같이 잘라준다.

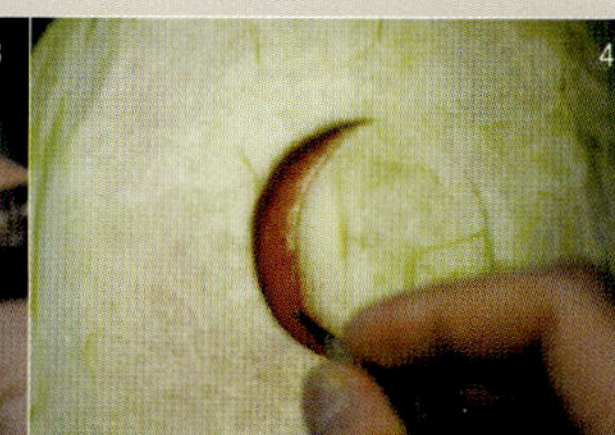

4 초승달 모양으로 칼집을 낸다.

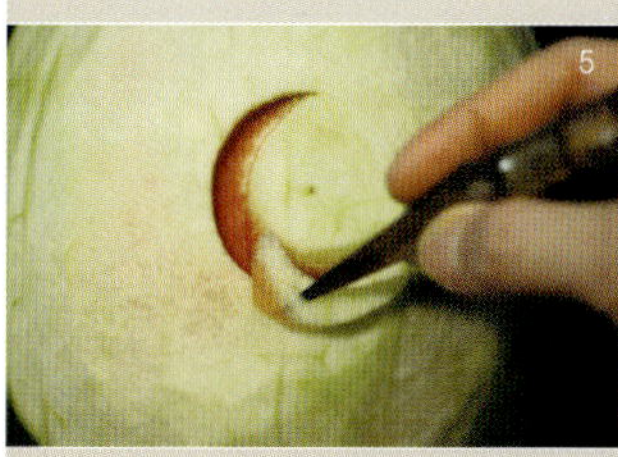

5 다음 꽃잎이 들어갈 자리를 만든다.

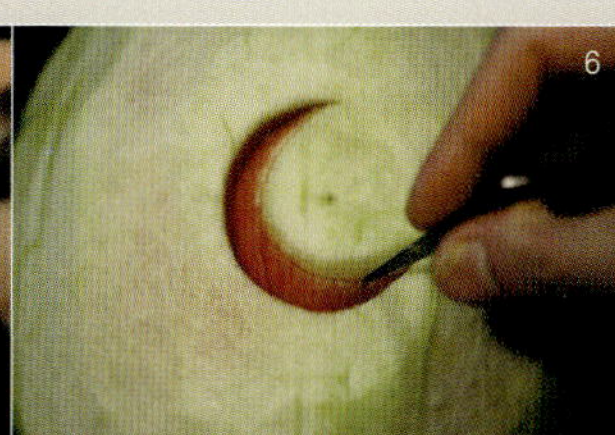

6 칼집을 내준다.

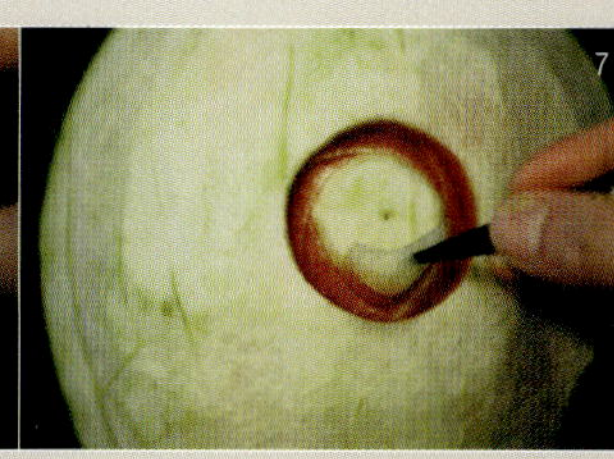

7, 8 같은 방식으로 돌려가며 칼집을 내준다.

9 4개의 홈을 내준다.

10 사이사이에 홈을 내어 8개의 홈을 낸다.

11, 12 필도법으로 홈에다가 꽃잎을 그린다.

13 꽃잎 사이사이에 홈을 내준다.

14, 15 꽃잎을 그린 다음 꽃잎에 홈을 내주어도 된다.

16 같은 방식으로 깎아준 다음 주도(主刀)를 사용하여 계단식으로 깎아준다.

17 완성

수박에 꽃을 조화롭게 조각하기

수박꽃 조각과정 2

• 전문가 한마디 •

수박꽃을 조각할 때 꽃잎의 모양은 한 가지로 통일해야 깔끔하다. 필자는 이 장에서 독자들에게 여러 가지 꽃잎의 형태를 보여 주고자 여러 종류의 꽃잎 형태를 수박 하나에 표현하였다.

34

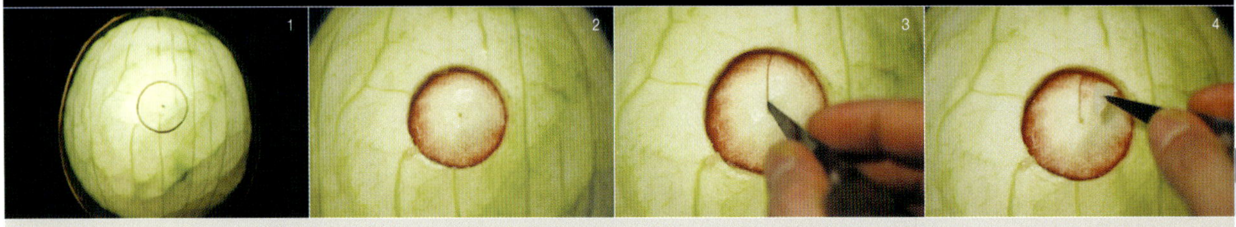

1 수박 껍질을 깎아준 다음 작은 원으로 칼집을 낸다.

2 사진과 같이 다듬는다.

3 사진과 같이 칼집을 넣는다.

4 칼집 낸 옆을 약간 도려낸다.

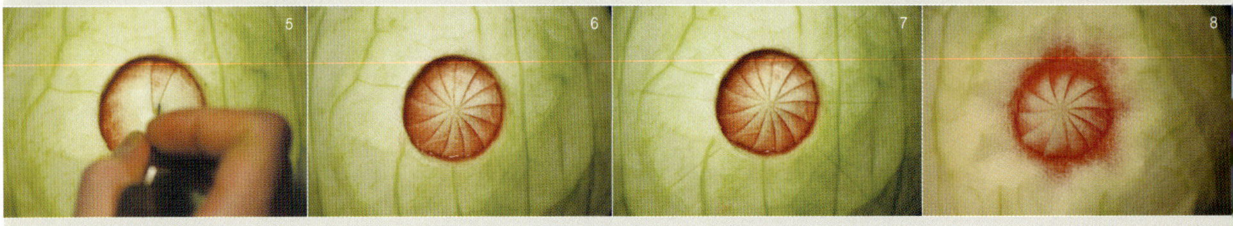

5 도려낸 면에 칼집을 낸다.

6 반복하여 사진과 같이 만든다.

7 칼등을 사용하여 8등분으로 선을 나눈다.

8 주도(主刀)로 8개의 홈을 내준다.

9 먼저 4개의 꽃잎을 그려준다.

10 4개의 꽃잎 사이에 4개의 꽃잎을 낸다. 단, 사진과 같이 꽃잎 사이가 약간 떨어져 있게 한다.

11 큰 꽃잎을 8개 그려준다(필도법).

12 꽃잎 사이에 홈을 내준다.

13 사진과 같이 도려낸다.

14 사진과 같이 모양을 낸다(필도법).

15 다시 8개의 홈을 내주고 홈에 V도로 무늬를 넣어준다.

16 8장 꽃잎 모두 V도로 무늬를 넣어준다.

17 사진과 같이 꽃잎을 주도(主刀)로 그려준다.

18 꽃잎 사이사이에 홈을 내준다.

19 U도로 꽃잎마다 세 번씩 무늬를 넣어준다.

20 주도(主刀)로 사진과 같이 꽃잎을 그려준다.

21 8면 모두 꽃잎을 그려준다.

22 꽃잎 사이는 손에 스냅을 주어 사진과 같이 깎아준다.

23 꽃잎을 그려준다.

24 다음 꽃잎이 들어갈 자리를 깎아준다.

25 꽃잎을 그려준다.

26 같은 방식으로 계속 돌려깎아서 다 그려준다.

27 컴퍼스로 4개의 원을 그린 뒤 주도(主刀)로 칼집을 낸다.

28 사진과 같이 도려낸다.

29 사진과 같이 꽃잎을 그려준다.

30 다음 꽃잎이 들어갈 자리를 깎아준다.

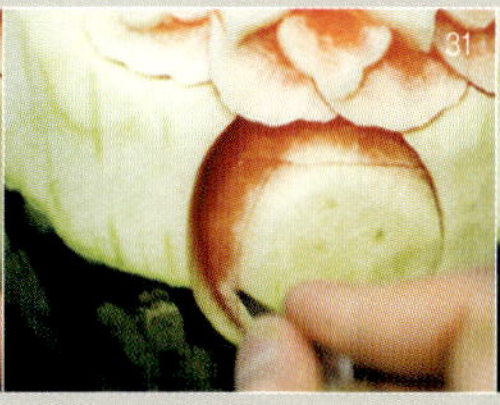

31 꽃잎을 그려준다.

32 같은 방식으로 계속 돌려깎아서 사진과 같이 만든다.

33 사진과 같이 홈을 내준 후 꽃잎사귀를 만든다.

34 완성

수박에 꽃을 조화롭게 조각하기

수박꽃 조각과정 3

• 전문가 한마디 •

껍질을 벗길 때 붉은색이 비칠 정도로 제거하면 흰색을 살리기가 힘들므로 약간만 깎아 주어야 한다.

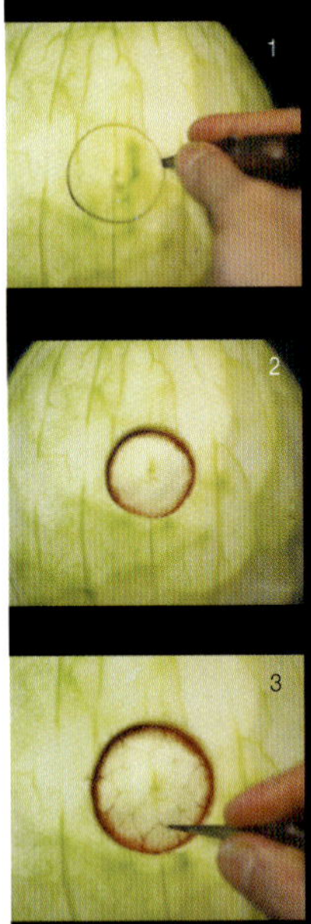

1 껍질을 제거한 수박에 컴퍼스로 원형을 그린 다음 주도(主刀)로 원형을 따라 1cm 깊이로 칼집을 낸다.
2 사진과 같이 다듬는다.
3 꽃잎을 8개 그린다.
4 사진과 같이 파낸다.
5 꽃잎 사이사이에 다른 꽃잎을 넣는다.
6 같은 방식으로 꽃 중심을 완성한 후 꽃잎이 들어갈 자리 하나를 파낸다.
7 필도법으로 꽃잎 하나를 그린다.
8 다음 꽃잎이 들어갈 자리를 만든다.
9 같은 방식으로 꽃잎을 돌려주며 만든다.
10 사진과 같이 꽃잎과 줄기를 만든다.
11 줄기 무늬는 주도(主刀)로 넣어주고 꽃잎과 꽃줄기의 공간들을 일정하게 정리한다.
12 완성

수박에 꽃을 조화롭게 조각하기

수박꽃 조각과정 4

• 전문가 한마디 •

돌, 환갑, 고희 때 수박에 글자를 넣어서 선물해보자. 다른 선물보다 진한 감동을 줄 수 있다.

14

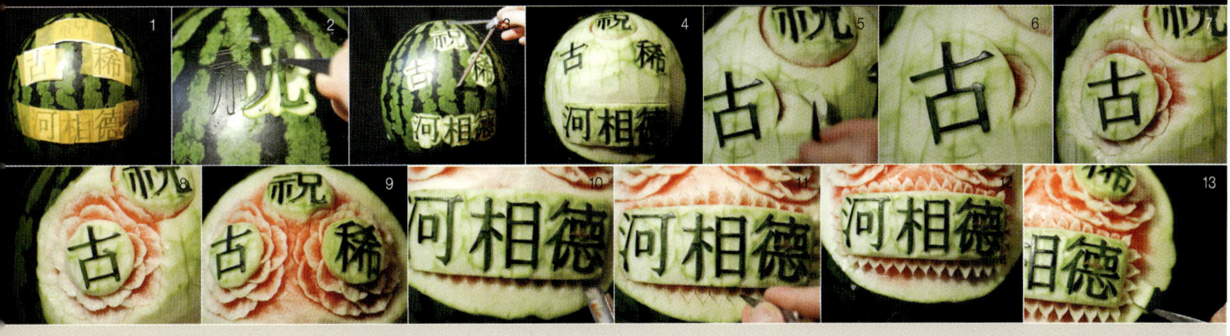

1 수박에 넣을 글자를 인쇄하고 테이프로 붙인다.
2 글자선에 칼집을 내고 종이를 떼어내며 글자 외형을 도려낸다.
3 컴퍼스로 큰 원을 그린다.
4 사진과 같이 깎아준다.
5 꽃잎 들어갈 자리를 만든다.
6 꽃잎을 그려준다.
7, 8 계속 꽃잎이 겹치도록 사진과 같이 만든다.
9 古稀 두 글자 주위에 모두 칼집을 내준다.
10 사진과 같이 U도로 홈을 내준다.
11 홈 낸 자리에 꽃잎을 그려준다.
12 꽃잎 바깥쪽을 도려내어 꽃잎이 돋보이게 해준다.
13 수박의 제일 큰 원에 안쪽으로 홈을 내준다.
14 완성

수박에 꽃을 조화롭게 조각하기

수박꽃 조각과정 5

• 전문가 한마디 •

독자들이 사진을 보고 각기 다른 7개의 꽃모양을 어떻게 깎아야 할지 생각하여 연습할 수 있도록 수박 조각 과정 사진을 간략하게 넣었다. 먼저 연습장에 꽃 모양을 그려보고 어떻게 깎을지 생각해보자.

5

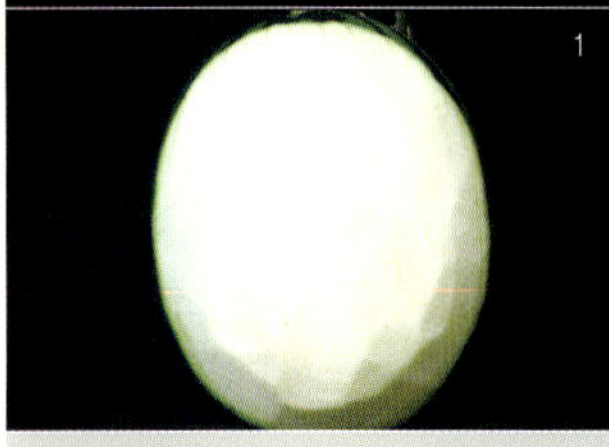

1

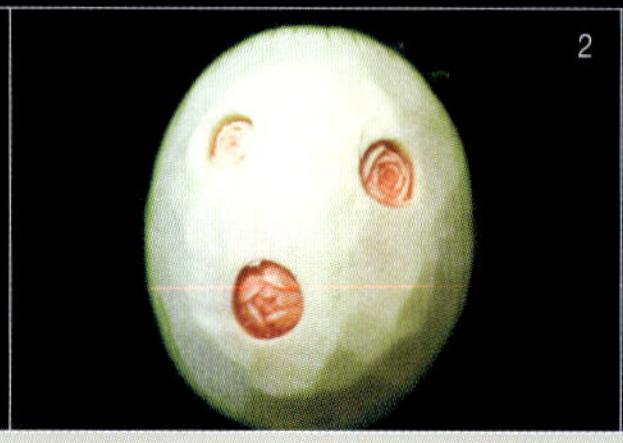

2

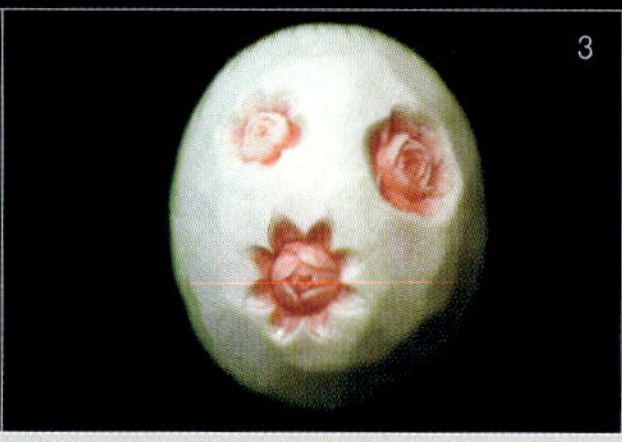

3

4

1 수박 껍질을 얇게 깎는다. **2** 먼저 3개의 각기 다른 꽃 중심을 조각해 넣는다. **3** 3개의 꽃을 완성한다. **4** 총 7개의 꽃을 만든다. **5** 완성

그물모양 살려 조각하기

그물

• 전문가 한마디 •

그물 조각 시 일정하게 두 면씩 정확하게 칼집을 넣어야 완성된 그물의 간격이 일정하다. 그물 조각 시 홈을 내주는 것은 당근이 잘 보여서 쉬우나 돌려서 편을 내줄 때 끊어지기 쉽다. 돌려 깎기 전에 소금물에 담가두면 끊어지는 것을 어느 정도 방지 할 수 있다.

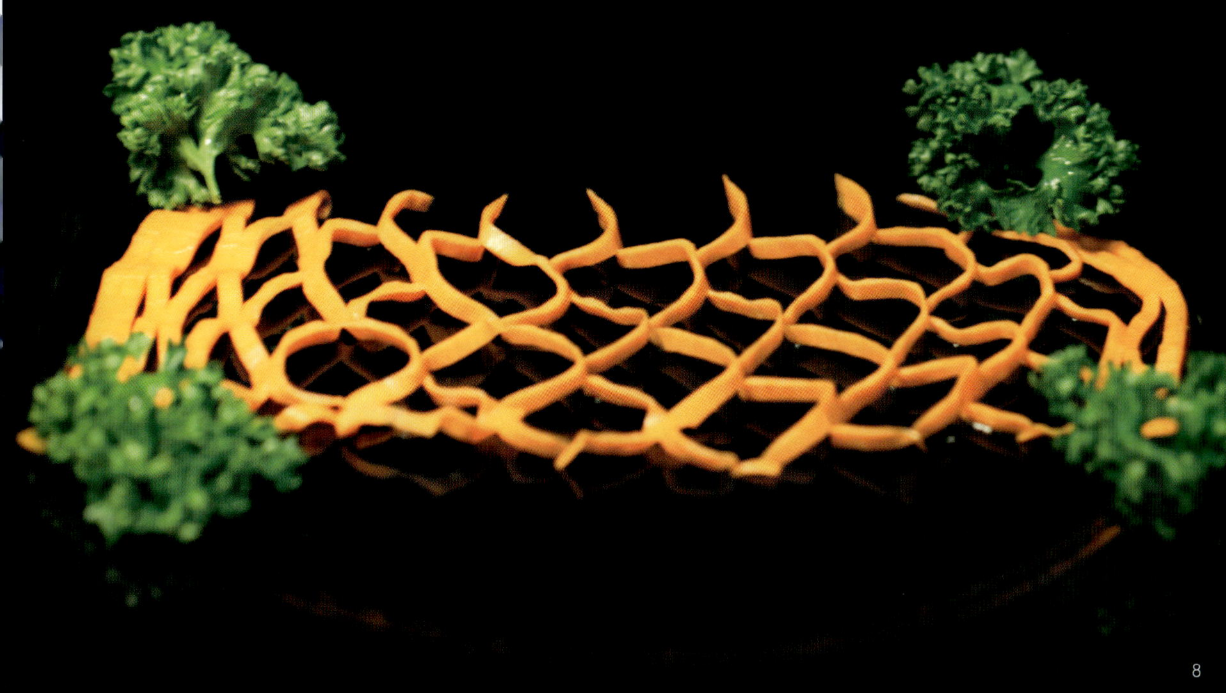
8

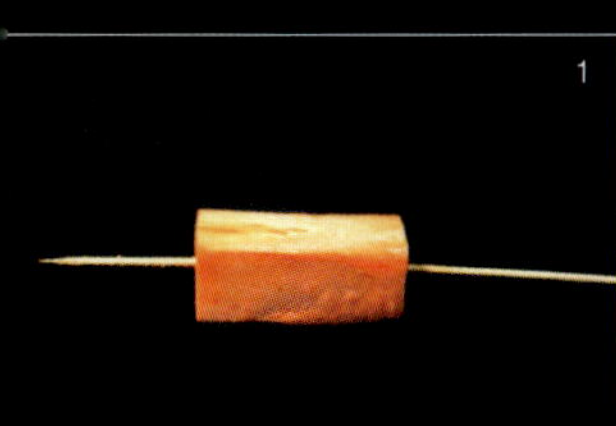
1

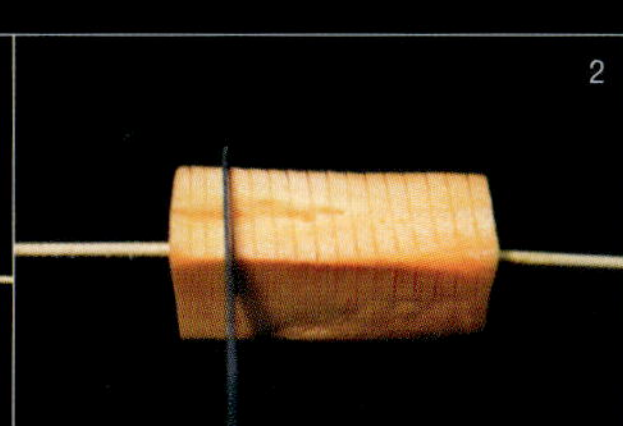
2

3

4

5

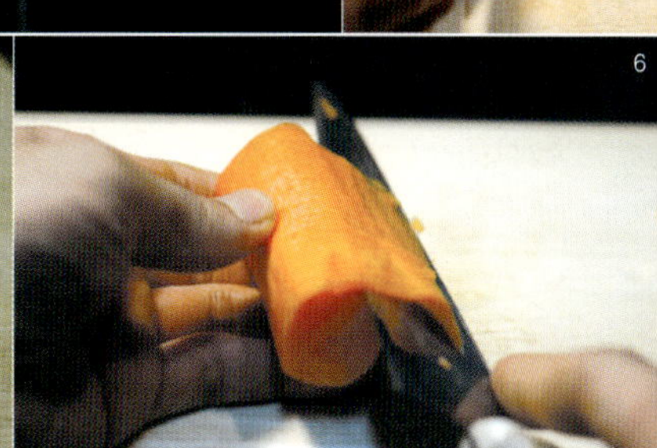
6

7

1 정사각형으로 자른 당근 중앙에 꼬치를 꽂는다.
2 7mm 정도 간격으로 칼집을 낸다.
이때 꼬치까지 칼집을 넣는다.
3 아랫면도 윗면과 같이 7mm 정도 간격으로 칼집을 낸다.
4 당근을 돌린 다음 나머지 두면의 칼집 들어간 사이에 다시 칼집을 넣는다.
5 이쑤시개를 빼고 사진과 같이 다듬는다.
6, 7 얇게 돌려 깎은 다음 소금물에 5분간 담갔다가 물에 헹군다.
8 완성

귀여운 참새 조각하기

참새

• 전문가 한마디 - 처음 조각을 배우시는 분들에게 •

조각을 처음 배울 때 조금 연습하다가 잘 안 되면 포기해 버리는 경우를 많이 볼 수 있다.
모든 기술이 다 그렇지만 단시간 내에 훌륭한 작품을 만들 수는 없다. 조급해 하지 않으면서 반복 연습하고 그림을 그려가며 하나하나 잘못된 점을 고쳐 나가면 좋은 작품을 만들 수 있게 된다. 필자가 생각하기에 조각은 재능도 있어야 되겠지만 포기하지 않는 끈기가 더 중요하다.

1 각도법으로 사진과 같이 잘라준다.

2 머리 부분이 뾰족하며 고개를 약간 돌리고 있는 참새를 깎기 위해서 당근을 휘게 자른다.

3 윗부리를 깎아준다.

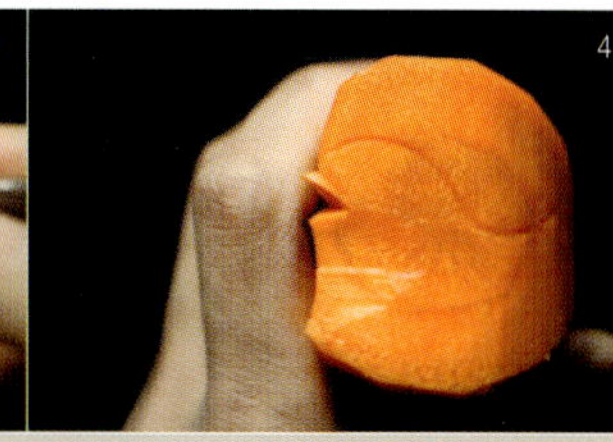

4 부리 형태를 만들고 머리에서 등으로 내려오는 선을 칼등으로 그려준다.

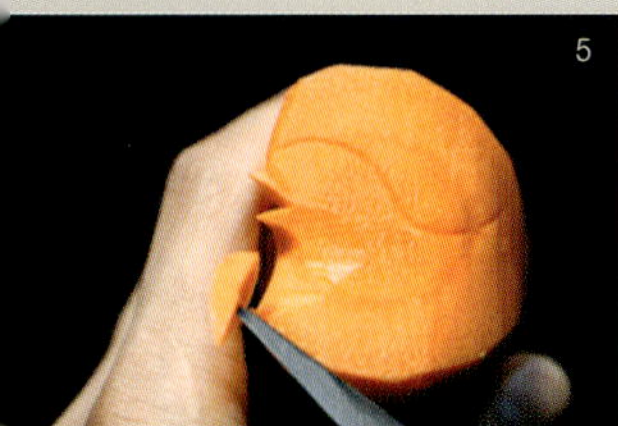

5 부리 아랫부분을 깎아준다.

6 부리에서 배 부분으로 깎아준다.

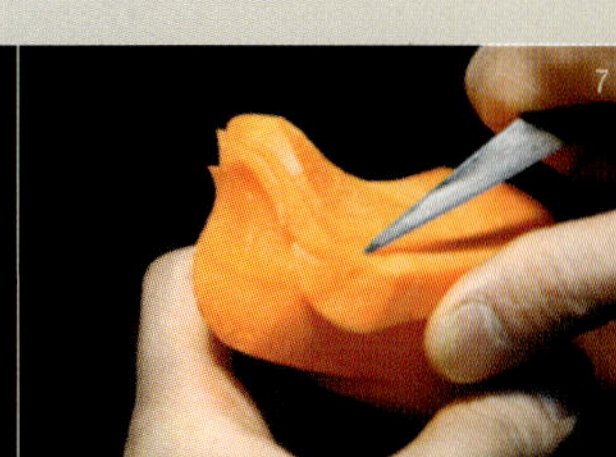

7 머리에서 등 부분 각진 곳을 다듬는다.

8 아랫부리에서 배 부분까지 각진 곳을 다듬는다.

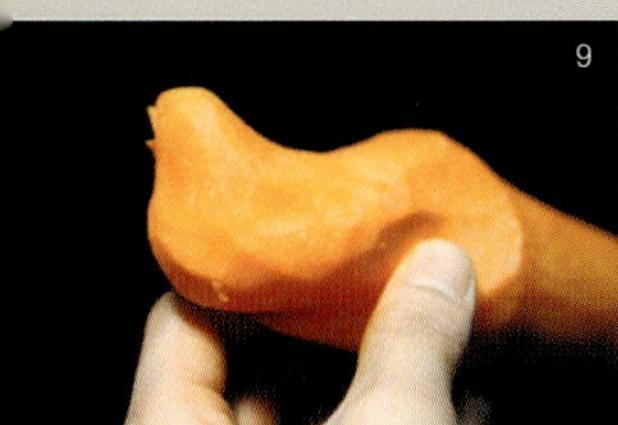

9 꼬리 쪽을 다듬는다.

10 머리 밑 부분을 U도로 홈을 내주어 귀털을 만든다.

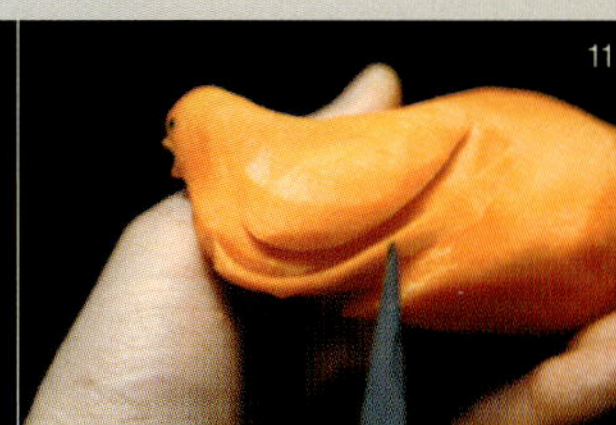

11 날개의 큰 형태를 깎아준다.

12 앞쪽 깃털을 넣는다.

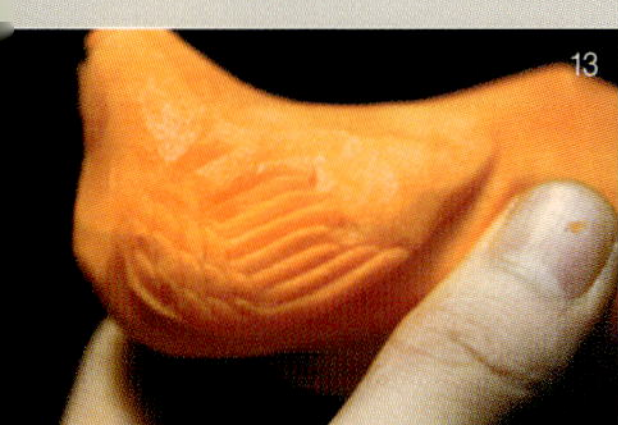

13 덮깃을 아래에서 위로 조각한다.

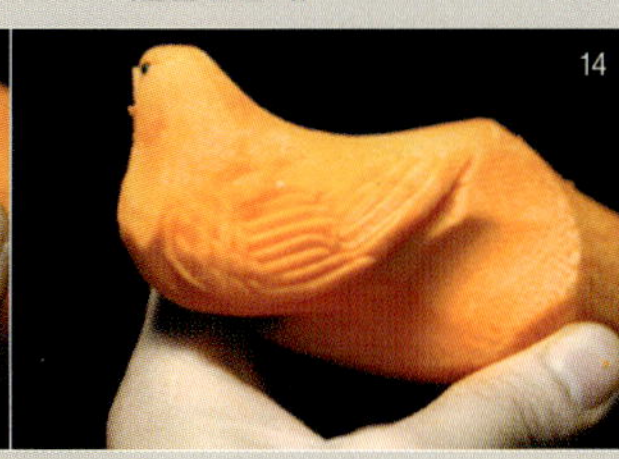

14 날개깃을 조각한다.

15 꽁지깃 들어갈 자리를 다듬는다.

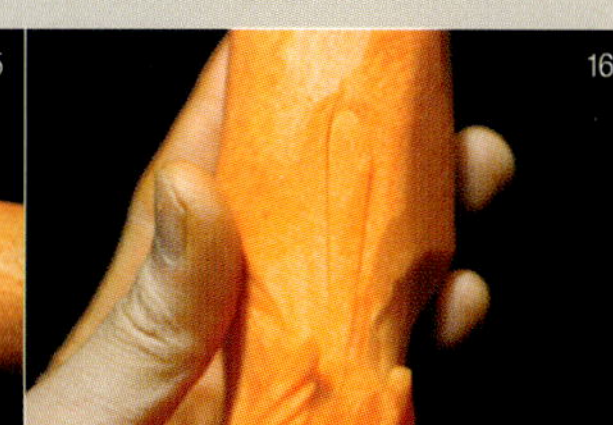

16 중앙 꽁지깃을 만든다.

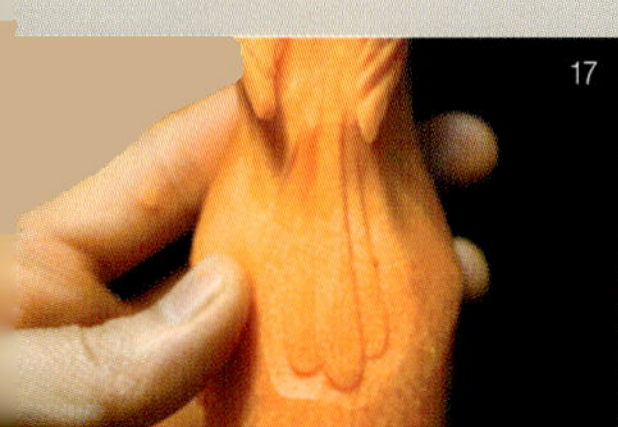

17 중앙 꽁지깃 양옆에 꽁지깃을 완성한다.

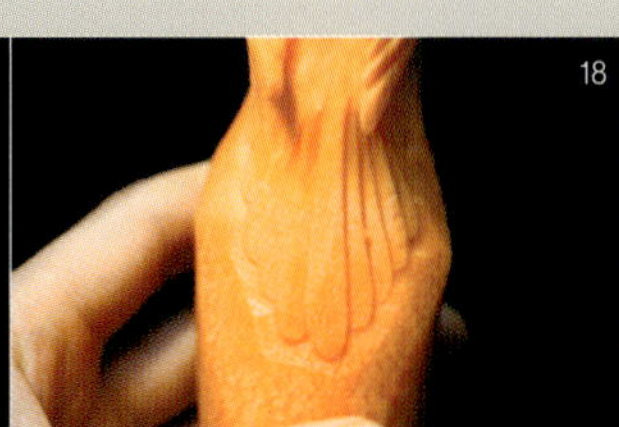

18 같은 방식으로 꽁지깃을 완성한다.

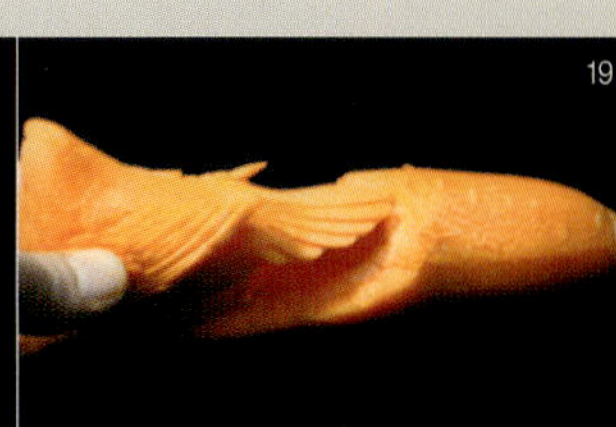

19 꽁지깃 밑 부분에 칼집을 넣어서 떼어낸다.

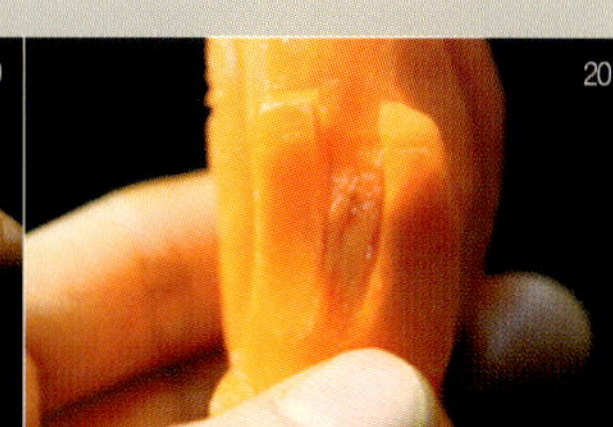

20 아랫배 부분 중앙을 파서 다리 붙일 공간을 만든다.

21 사진과 같이 만든다.

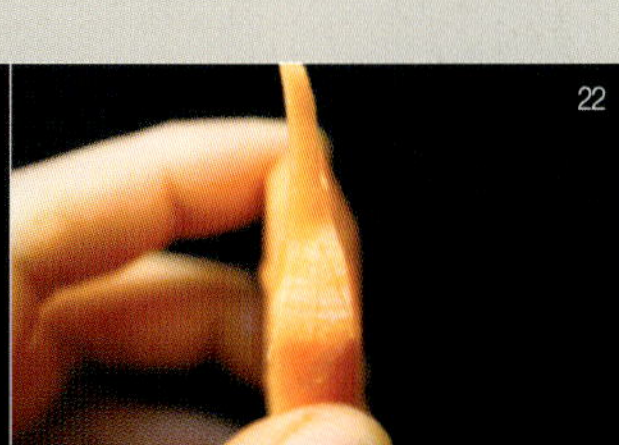

22 앞 발가락 3개를 그려준다.

23 사진과 같이 떼어낸다.

24 발을 접착제로 붙여서 완성한다.

25 완성

생동력 있게 닭 표현하기

닭

· 전문가 한마디 ·

보르도 무는 보라색에 가까우나 식초 물에 담가두면 분홍색으로 변하여 한 재료로 두 가지 색을 낼 수 있다. 단 식초에 담근 보르도 무는 오래 보관하지 못한다.

25

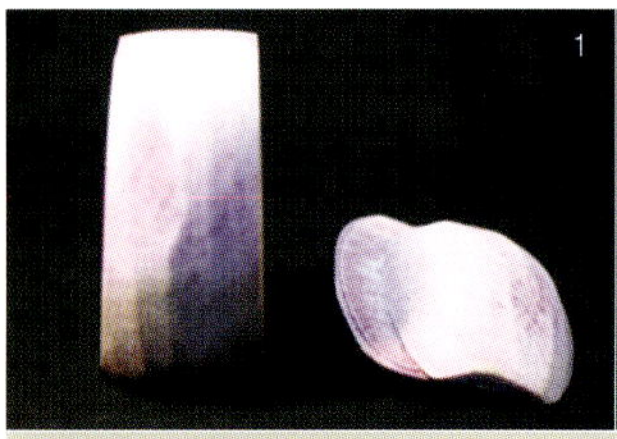

1 사진과 같이 절도법으로 자른다.

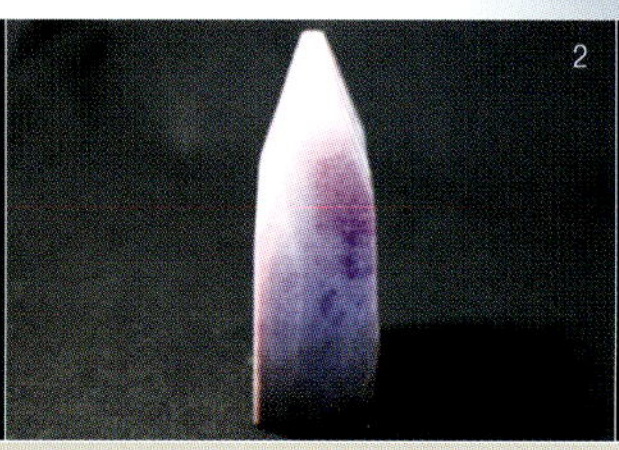

2 사진과 같이 머리 들어갈 자리를 가늘게 해준다.

3 윗부리를 필도법으로 자른다.

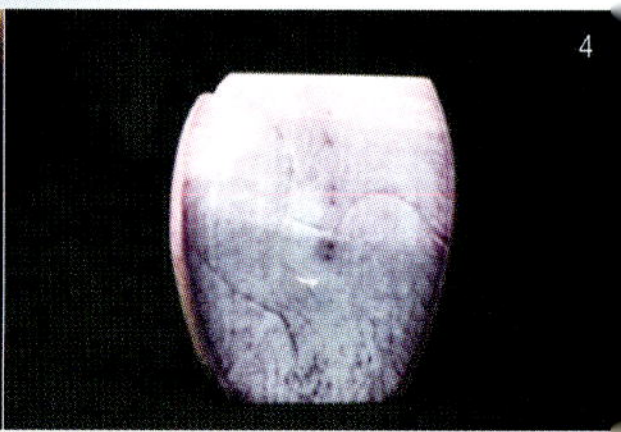

4 칼등으로 닭의 외형을 그린다.

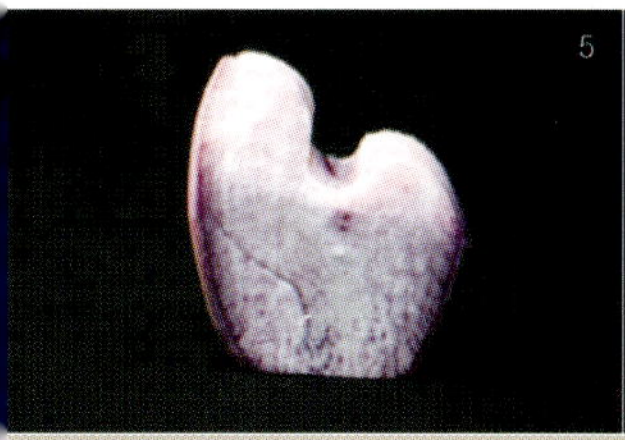

5 부리→등→꼬리로 이어지는 선을 절단한다.

6 사진과 같이 윗부리를 완성한다.

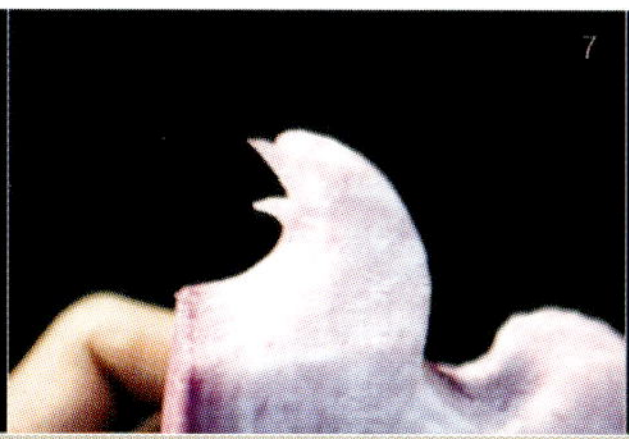

7 사진과 같이 아랫부리를 완성한다.

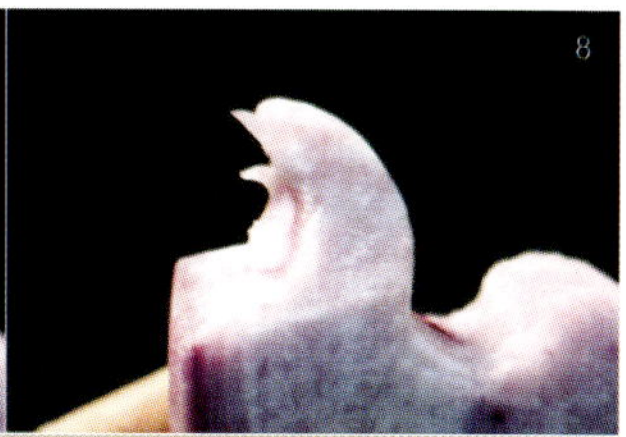

8 아랫볏을 새긴다.

9 가슴과 다리 선을 깎아준다.

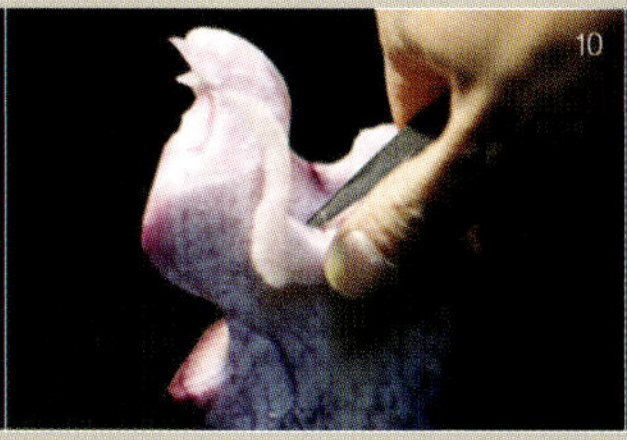

10 머리→등→꼬리 순서로 각진 부분을 다듬어준다.

11 목→가슴→다리 순서로 각진 부분을 다듬어준다.

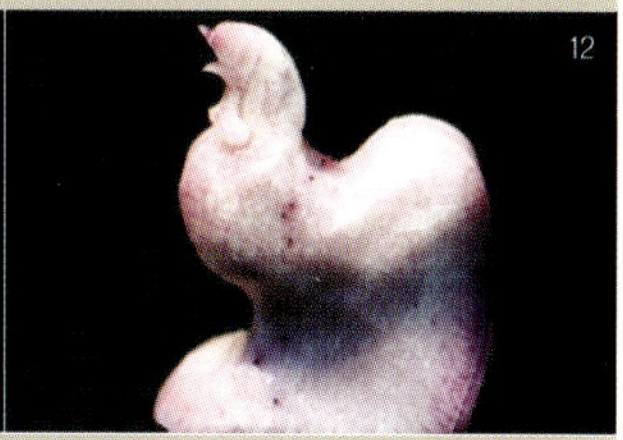

12 사진과 같이 다듬어 준다.

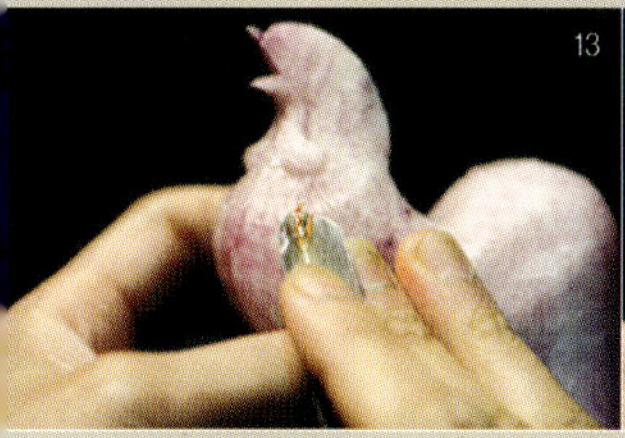

13 가슴 깃털을 V도로 새긴다.

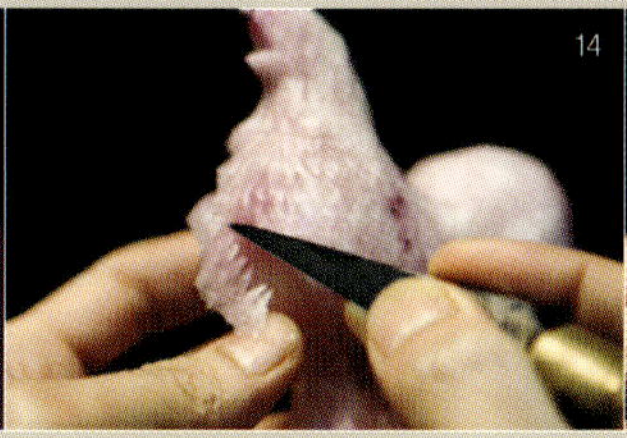

14 가슴 깃털 낸 밑 부분을 주도(主刀)로 도려낸다.

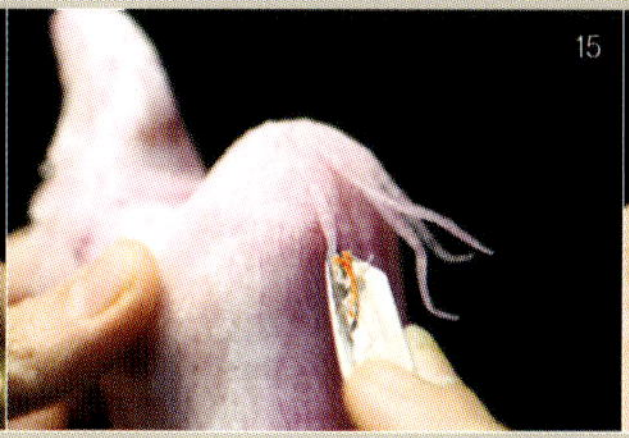

15 꽁지깃을 V도로 새긴다.

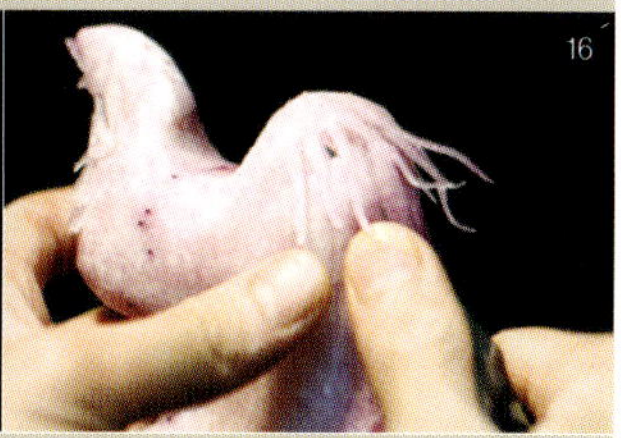

16 꽁지깃 밑면을 주도(主刀)로 새긴다.

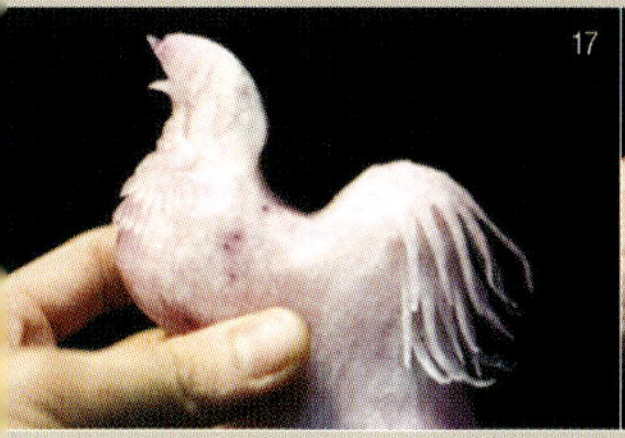

17 같은 방법으로 꽁지깃을 여러 개 만들어 준다.

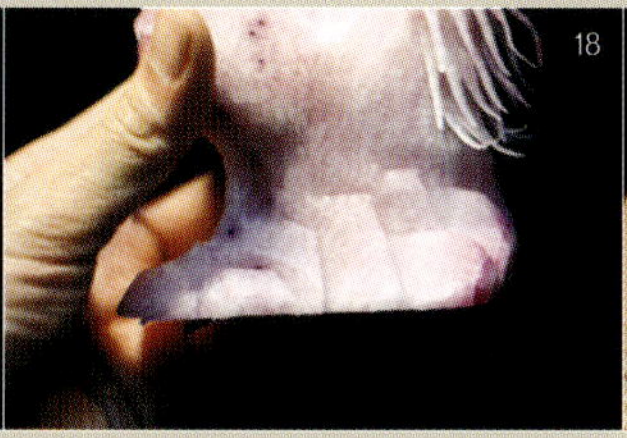

18 바위 모양을 주도(主刀)로 낸다.

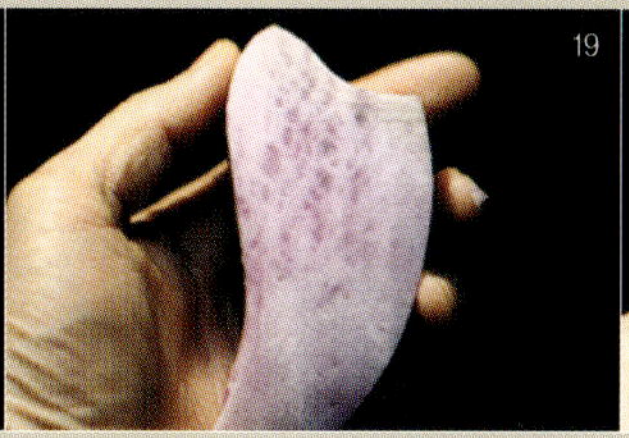

19 날개 큰 형태를 사진과 같이 만든다.

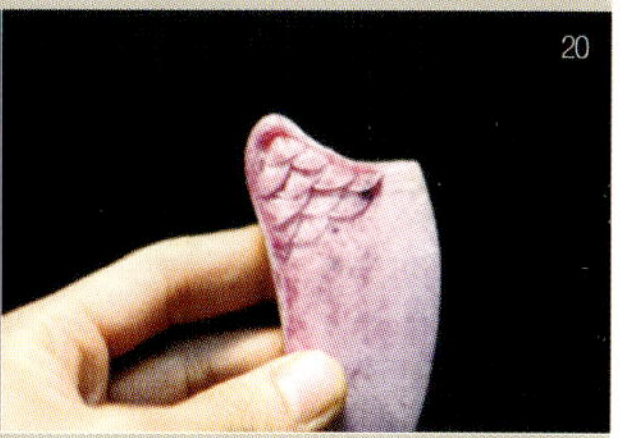

20 깃털을 주도(主刀)로 내준다.

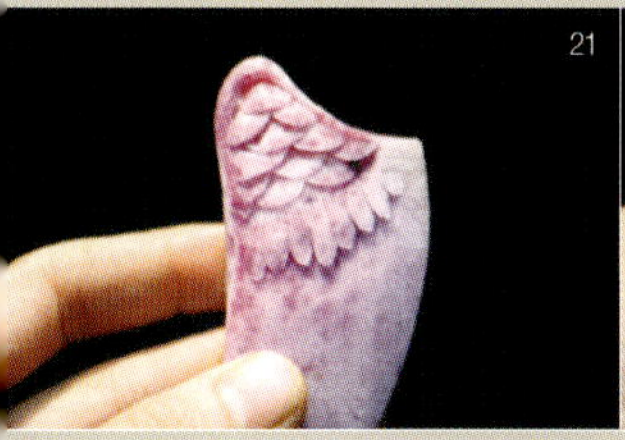

21 U도로 덮깃을 내준다.

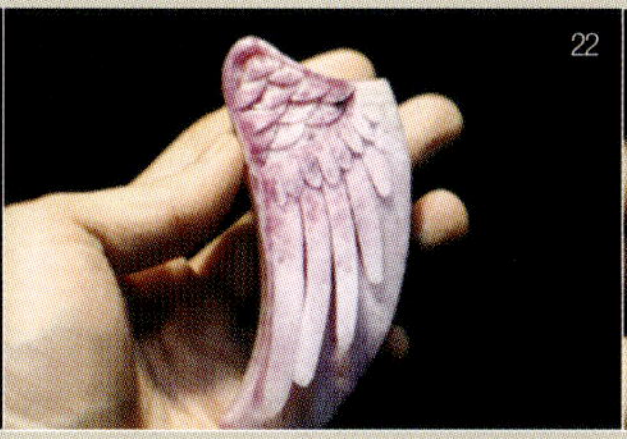

22 U도로 날개깃을 내준다.

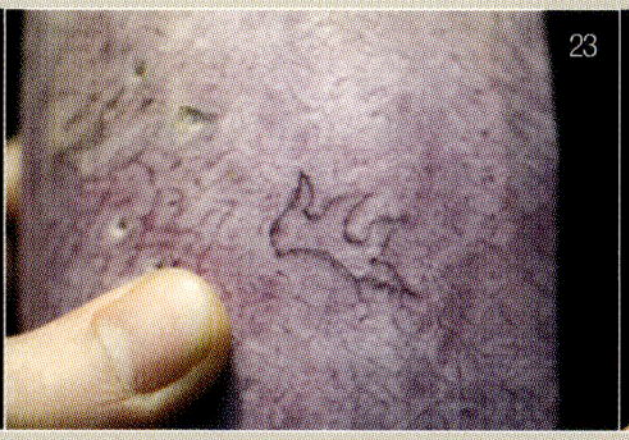

23 벼슬을 주도(主刀)로 새긴다.

24 날개와 벼슬을 붙여서 완성한다.

26 완성

우아한 곡선의 미로 만들어 보기

백조

• 전문가 한마디 - 무 조각의 장 · 단점 •

무는 크기가 커서 어떤 형태로도 조각이 가능하고 적당히 단단하여 조각하기 편하다. 하지만 무 조각을 할 때 흰색에 가까워서 칼 들어간 자리가 보이지 않을 뿐더러 흰색 접시와 어울리지 않으며 오래 보관하지 못하는 단점이 있다.

1 보르도 무를 다음과 같이 절단한다.

2 사진과 같이 머리 부분 만들 자리를 깎아 준다.

3 칼등으로 백조 외형을 그린다.

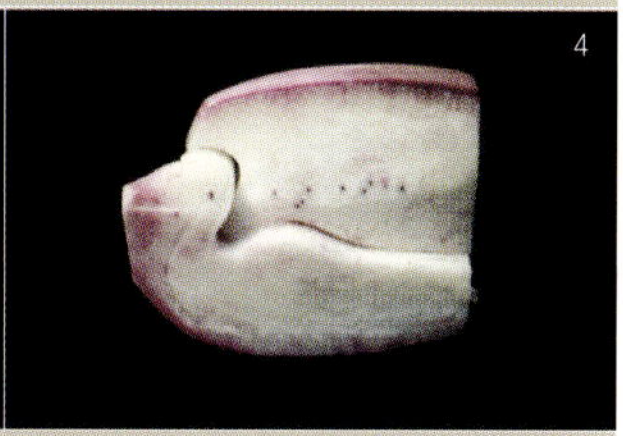

4 부리 → 등 → 꼬리 부분으로 자른다.

5 부리 아래에서 가슴 쪽을 잘라낸다.

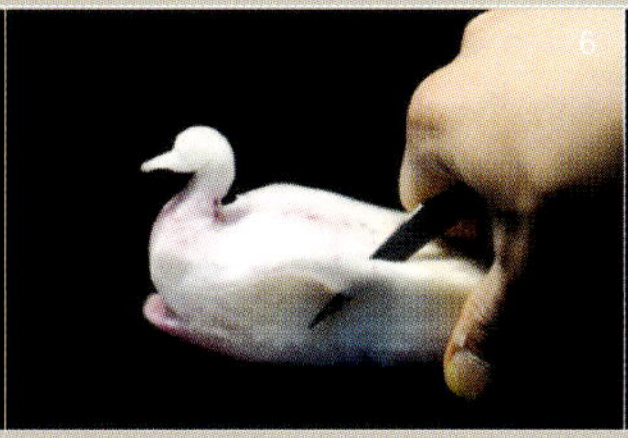

6 등 쪽을 다듬는다.

7 가슴 쪽을 다듬는다.

8 배에서 꼬리 쪽을 다듬는다.

9 꼬리의 큰 형태를 만든다.

10 날개 앞 깃털을 필도법으로 새긴다.

11 덮깃을 조각한다.

12 큰 깃을 만들어서 날개를 완성한다.

13 날개를 몸에 접착해서 완성한다.

14 완성

다정스런 원앙 느낌 표현하기

원앙

· 전문가 한마디 ·

원앙은 항상 암수가 같이 다니기 때문에 화목하고 금슬이 좋은 부부를 뜻하므로 상견례 모임에 원앙을 데코레이션하면 좋다.

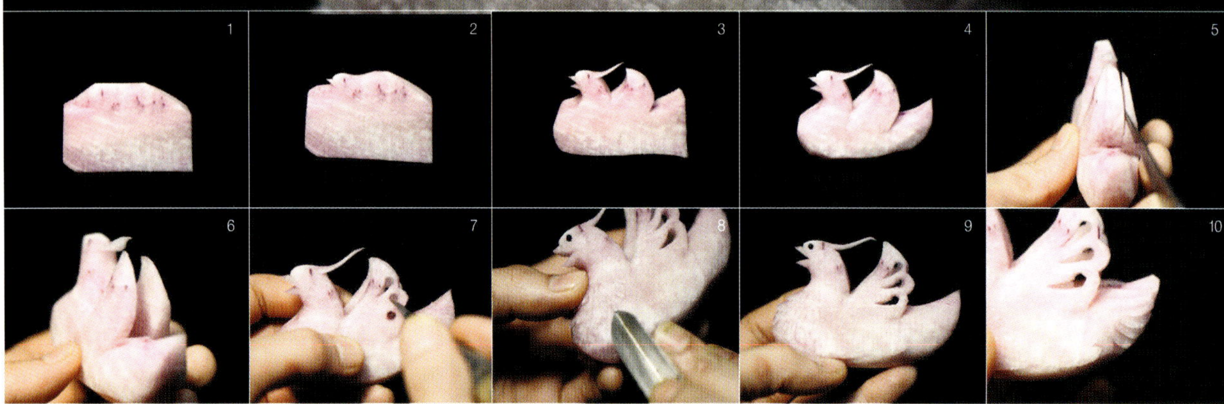

1 보르도 무를 밑면 4cm, 윗면 1.5cm 두께의 형태로 만든다.
2 윗부리와 머리 윗선을 깎아준다.
3 아랫부리와 날개깃을 만든다.
4 아랫배와 꼬리 부분 큰 형태를 만든다.
5 날개깃 사이에 칼집을 내준다.
6 칼집 낸 날개깃 사이를 떼어낸다.
7 날개깃에 U도로 구멍을 내고 주도(主刀)로 사진과 같이 모양을 낸다.
8 V도로 가슴깃을 만든다.
9 날개를 U도로 찔러서 만든다.
10 꼬리를 주도(主刀)로 만든다.

자유로운 발상으로 조각하기

금닭

• 전문가 한마디 •

완성된 조각 작품은 생동감이 있어야 한다. 그러기 위해서는 역동적인 형태로 조각해야 생동감이 살아나게 된다. 예를 들어 매를 조각할 때 매가 나무에 앉아 있는 것보다는 물고기를 발로 낚아채서 비상하는 매가 더 생동감 있어 보인다. 기본 형태를 완벽하게 습득한 후 조각할 때 한 가지 형태만 고집하기보다는 생동감 있는 형태를 생각하고 연구해야 한다.

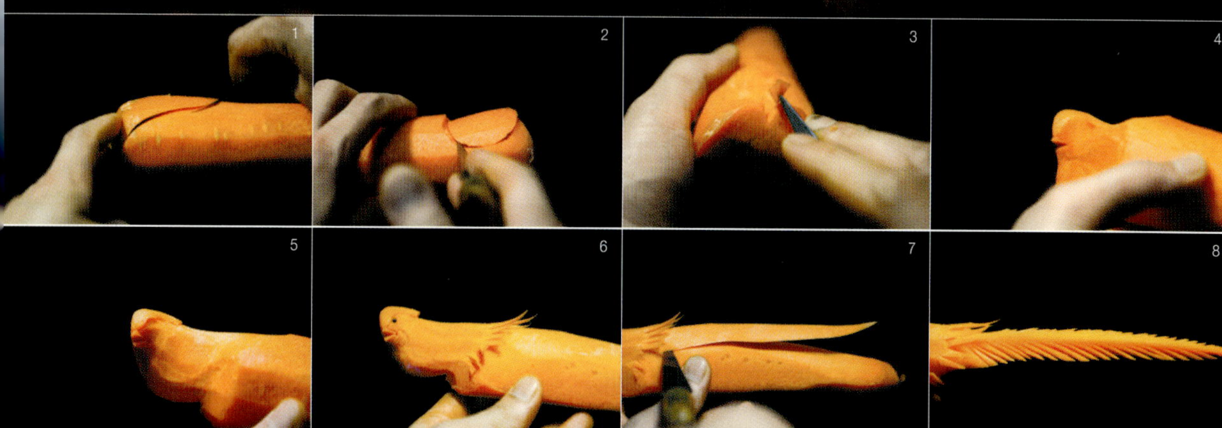

1 사진과 같이 각도법으로 자른다.
2 머리가 뾰족하고 고개를 돌리고 있는 금닭을 표현하기 위하여 곡선으로 자른다.
3 윗부리를 만든다.
4 머리에서 목선까지 깎아준다.
5 아랫부리와 몸통 부분을 다듬는다.
6 꽁지깃을 V도로 내준다.
7 긴 꽁지깃을 잘라준다.
8 V도로 긴 꽁지깃을 디테일하게 표현한다.
9 새 날개와 다리를 만들어 접착하여 완성한다.

또다른 새의 느낌 만들어보기

장수새

22

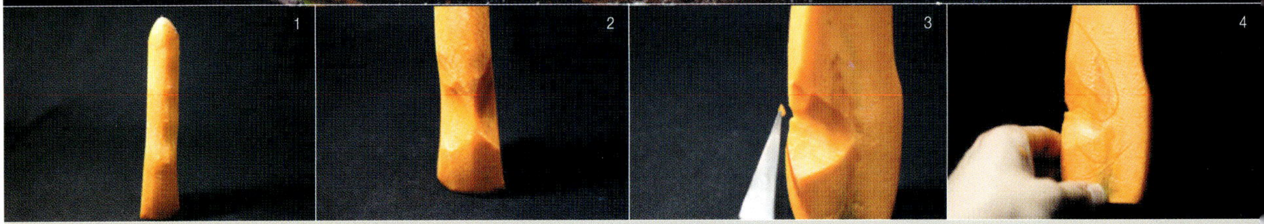

1 사진과 같이 당근을 자른다.

2 부리 들어갈 자리를 자른다.

3 윗부리 윗면을 잘라낸다.

4 주도(主刀) 칼등으로 몸 형태를 그려준다.

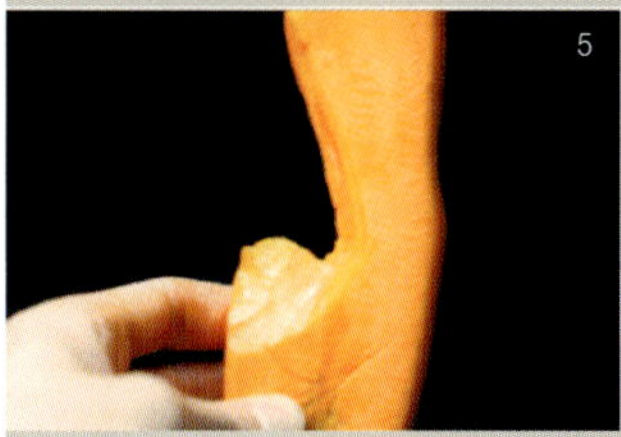

5 머리→등→꼬리로 이어지는 선을 절단한다.

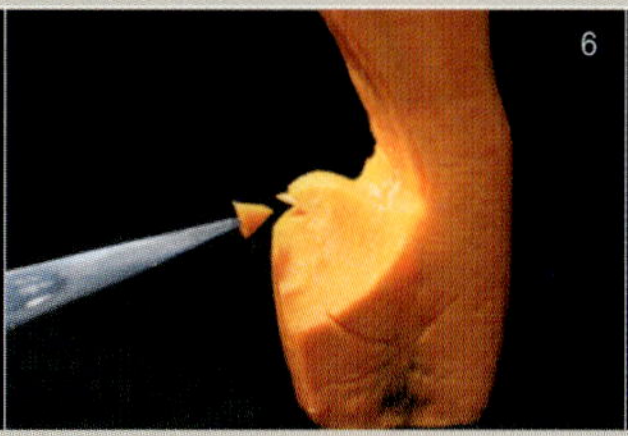

6 사진과 같이 잘라준다.

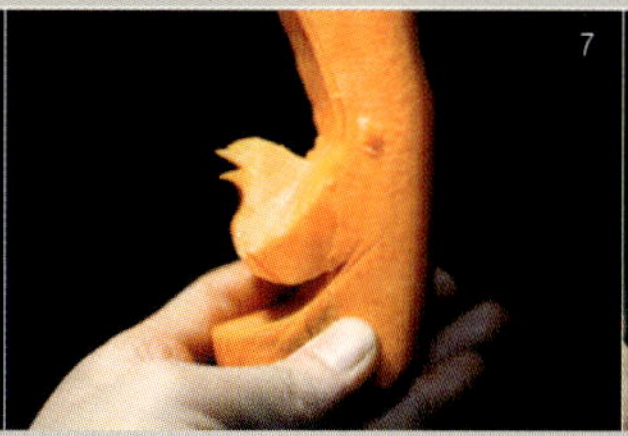

7 부리→아랫배→다리 쪽 선을 절단한다.

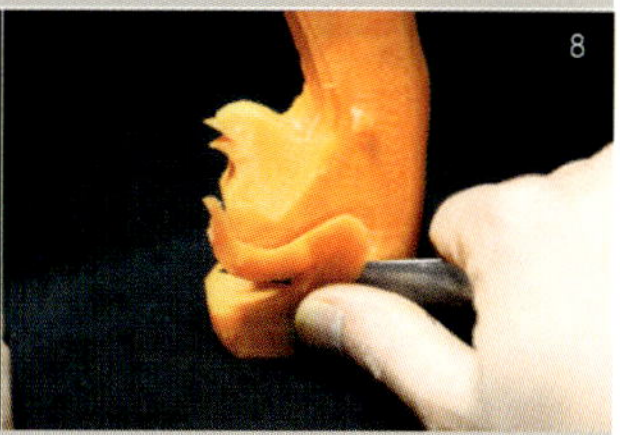

8 아랫부리→배→다리 쪽 선을 다듬어 준다.

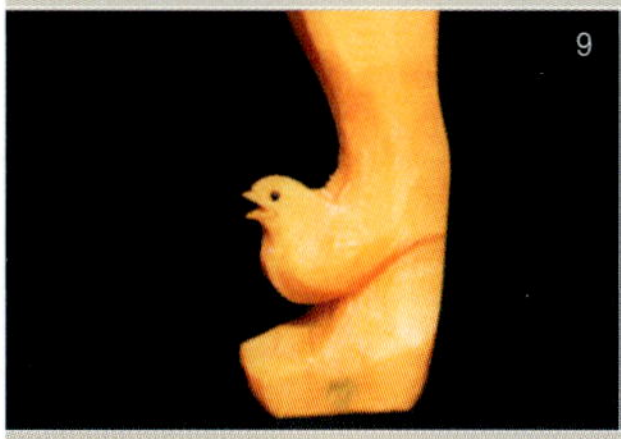

9 머리→등→꼬리 쪽 선을 다듬어준다.

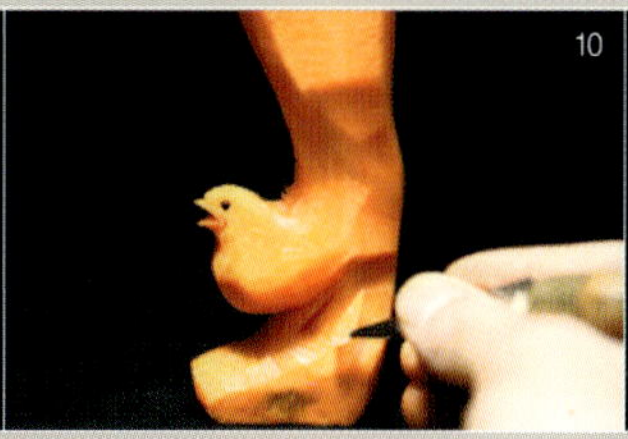

10 사진과 같이 다리를 표현해 준다.

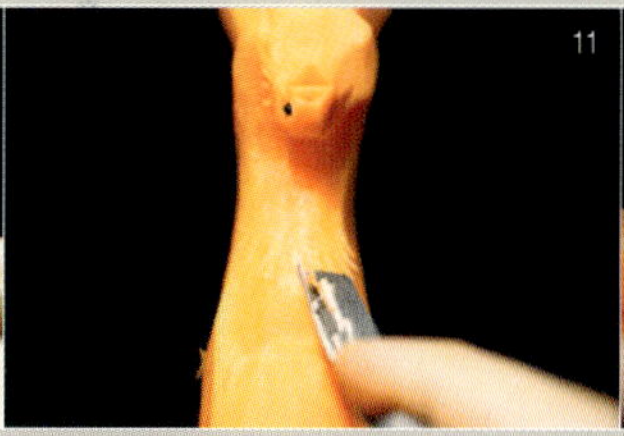

11 V도로 꽁지깃을 표현해 준다.

12 주도(主刀)로 꽁지깃 뒷면을 정리한다.

13 주도(主刀)로 꽁지깃 큰 형태를 만들어 준다.

14 V도로 꽁지깃을 디테일하게 표현한다.

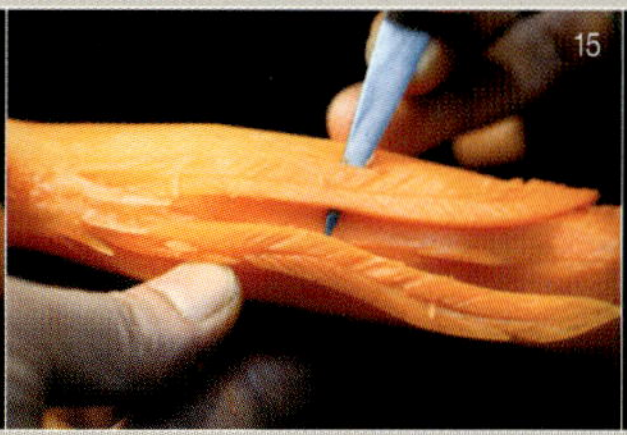

15 주도(主刀)로 꽁지깃 밑면에 칼집을 넣는다.

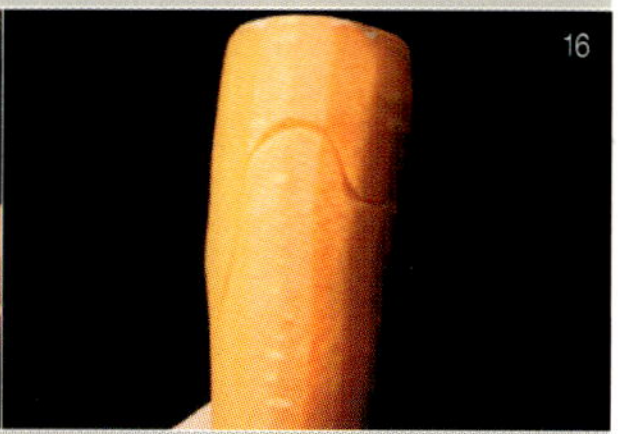

16 V도로 날개 큰 형태를 그려준다.

17 주도(主刀)로 깃털을 표현해준다.

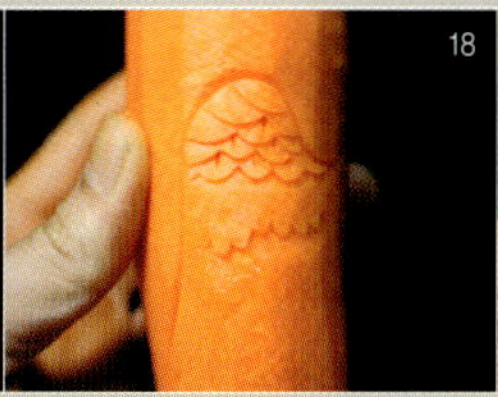

18 작은 U도로 덮깃을 표현한다.

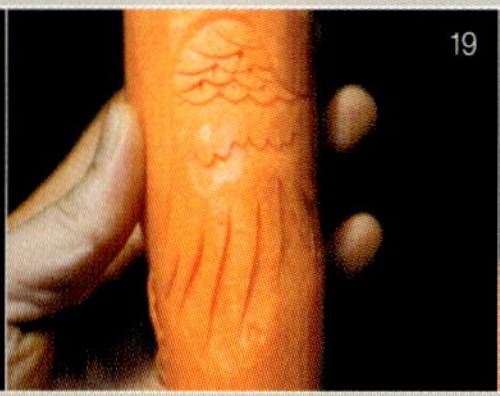

19 큰 U도로 날개깃을 표현한다.

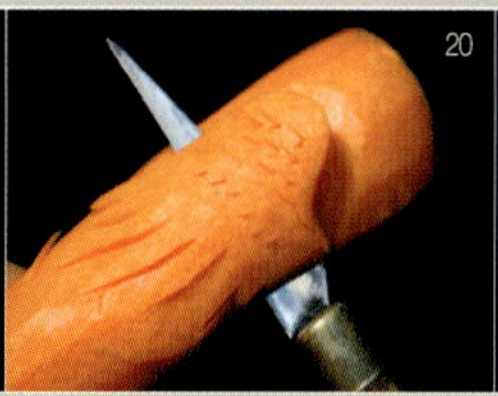

20 날개 밑면을 주도(主刀)로 잘라낸다.

21 날개를 붙여서 완성한다.
22 완성

화려하고 아름다운 공작 모양내기

공작

29

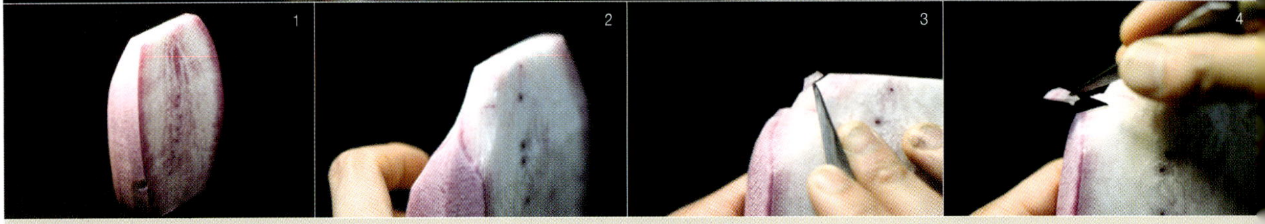

1 사진과 같은 모양으로 보르도 무를 자른다.

2 부리 들어갈 자리를 뾰족하게 깎는다.

3 윗부리 선을 깎아준다.

4 사진과 같이 자른다.

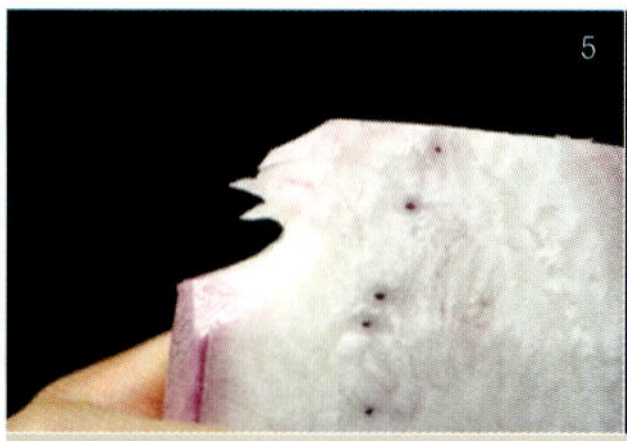

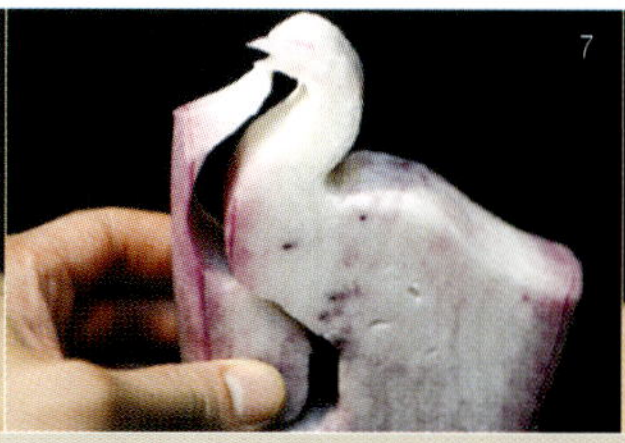

5 아랫부리를 깎아주고 목선을 칼등으로 그려준다.

6 그려준 선을 따라 잘라준다.

7 목→가슴→다리 선을 따라 잘라준다.

8 목을 가슴보다 가늘게 잘라준다.

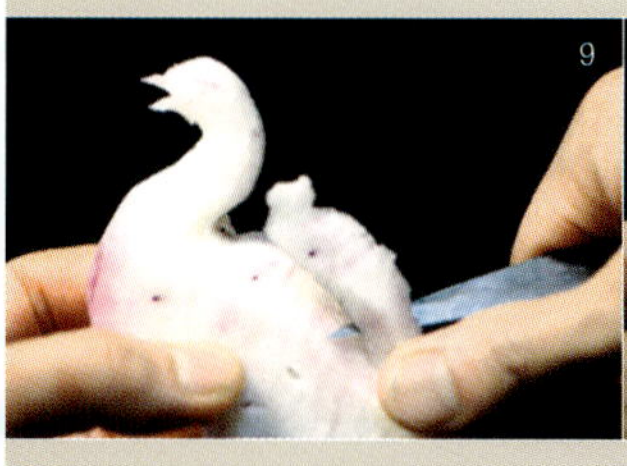

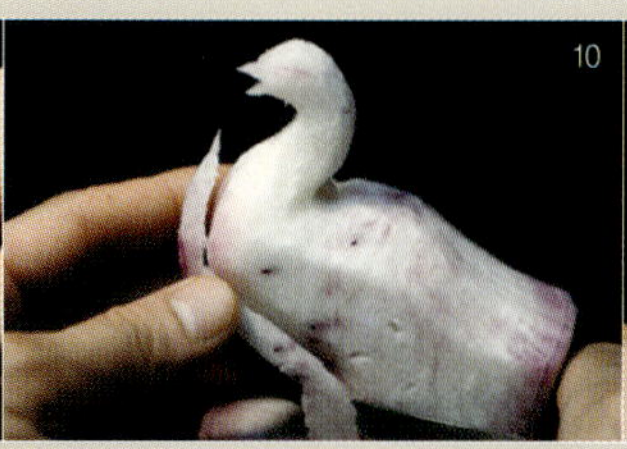

9 목→등→꼬리 선을 다듬는다.

10 목→가슴→다리 선을 다듬는다.

11 몸이 유선형이 되도록 잘라준다.

12 다리를 깎아서 붙여준다.

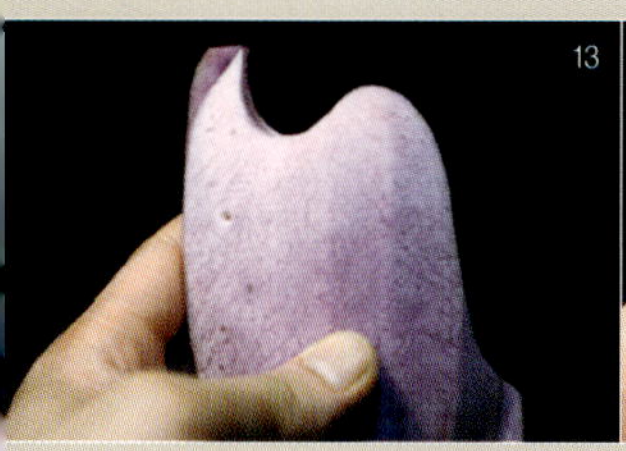

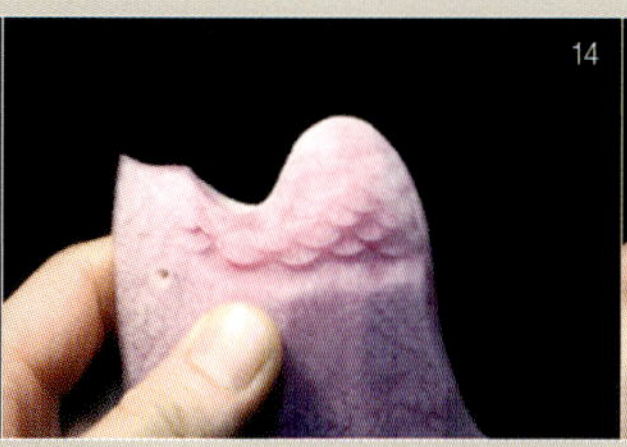

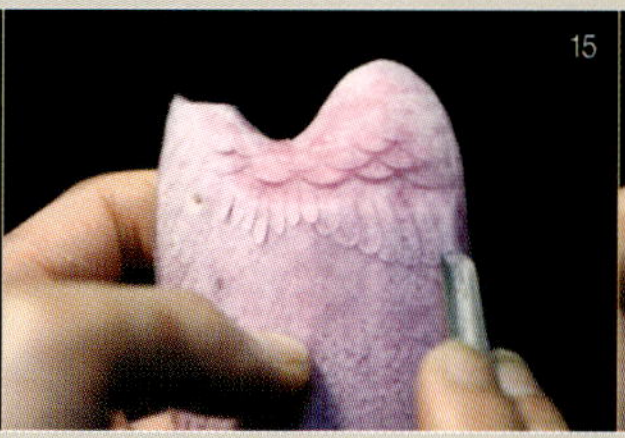

13 사진과 같이 날개의 큰 형태를 잘라준다.

14 주도(主刀)로 깃털을 사진과 같이 내준다.

15 U도로 덮깃을 내준다.

16 U도로 날개깃을 깊이 넣어 불필요한 부분을 제거한다.

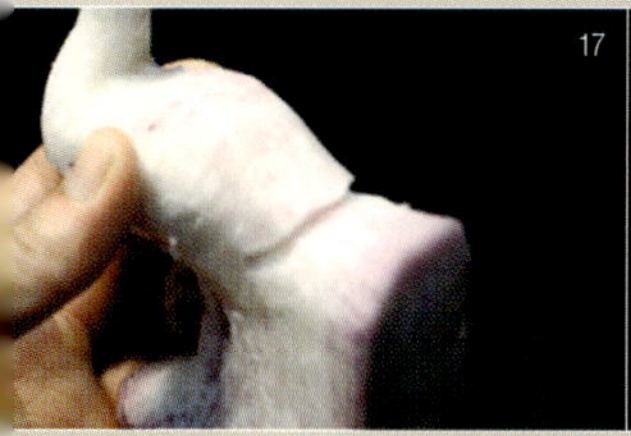

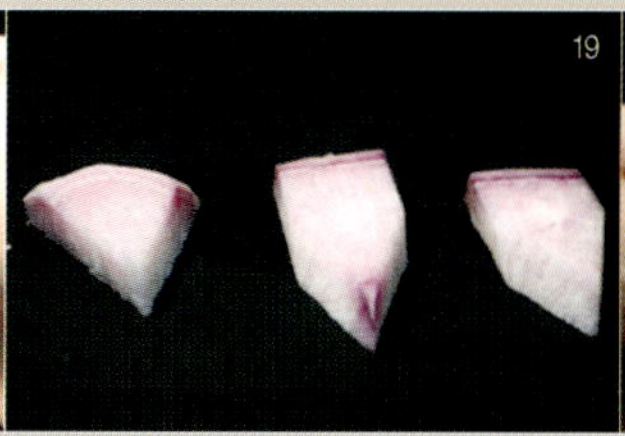

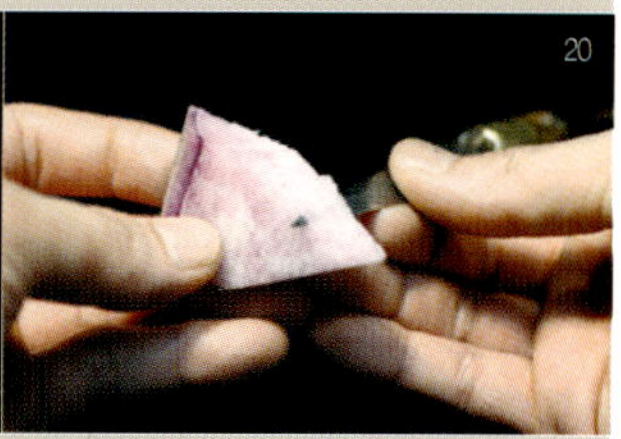

17 꼬리 부분에 주도(主刀)로 홈을 내준다.

18 공작 머리 위에 당근으로 머리깃을 만들어 붙인다.

19 사진과 같이 공작 꼬리 만들 부분을 잘라 놓는다.

20 필도법으로 사진과 같이 칼집을 넣는다.

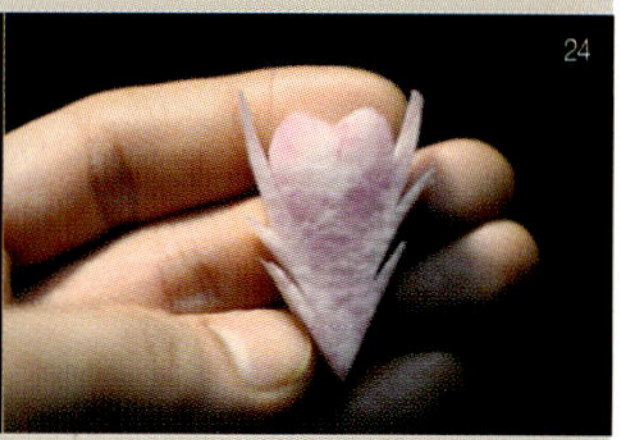

21 사진과 같이 칼집을 낸다.

22 사진과 같이 칼집을 낸다.

23 사진과 같이 칼집을 낸다.

24 사진과 같이 칼집을 낸다.

25 큰칼로 1mm 두께로 편을 낸다.

26 꽁지깃털 붙일 틀을 사진과 같이 붙인다.

27 밑부분부터 편으로 깎은 꽁지깃털을 붙인다.

28 사진과 같이 날개를 붙여서 완성한다.
29 완성

절제된 학의 기품 표현하기

학

29

1 보르도 무를 준비한다.

2 사진과 같이 자른다.

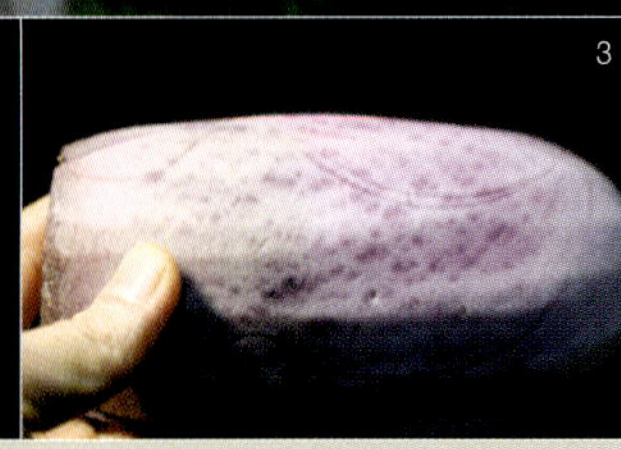

3 날개의 큰 형태를 주도(主刀) 칼등으로 그려준다.

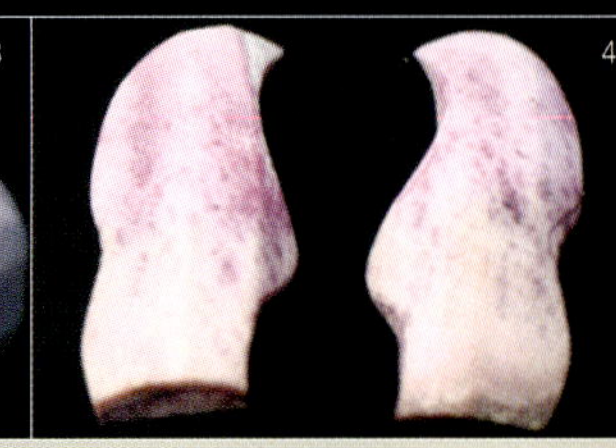

4 양 날개가 같은 모양이 되도록 비슷하게 깎는다.

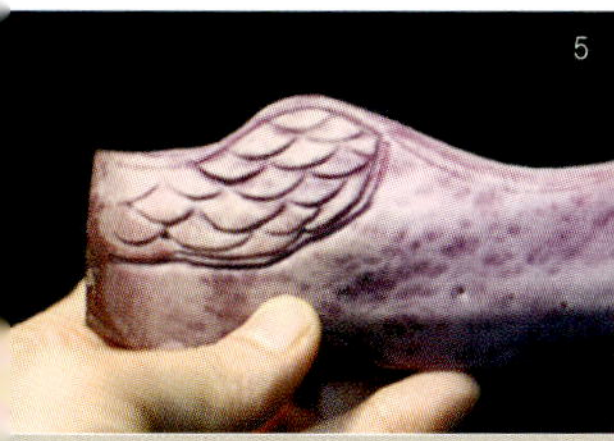

5 V도로 깃털 무늬를 내준다.

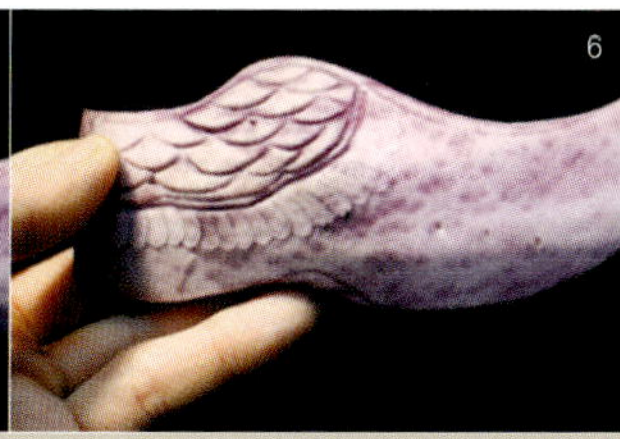

6 작은 U도로 덮깃을 만들어 준다.

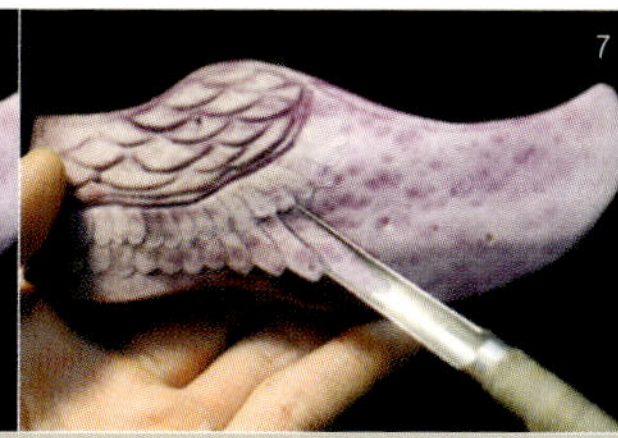

7 U도로 날개깃을 만든다.

8 사진과 같이 만든다.

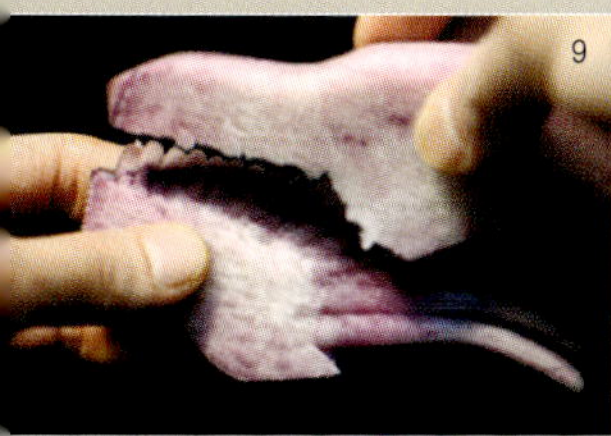

9 날개깃 밑면의 무를 제거해준다.

10 날개 안쪽을 큰 U도로 정리해 준다.

11 완성된 날개 밑면.

12 사진과 같이 갈아준다
(머리 부분은 가늘기 때문).

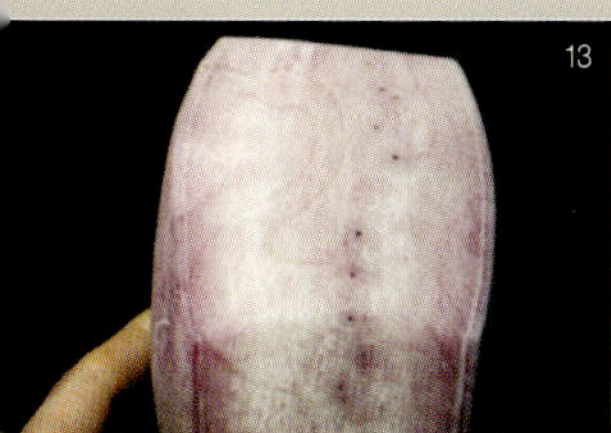

13 학의 외형을 주도(主刀) 칼등으로
그려준다(필도법).

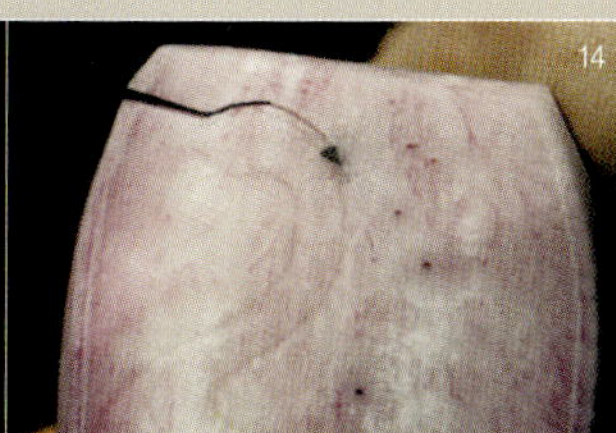

14 위쪽에서 아래로 선을 따라 칼을
넣는다.

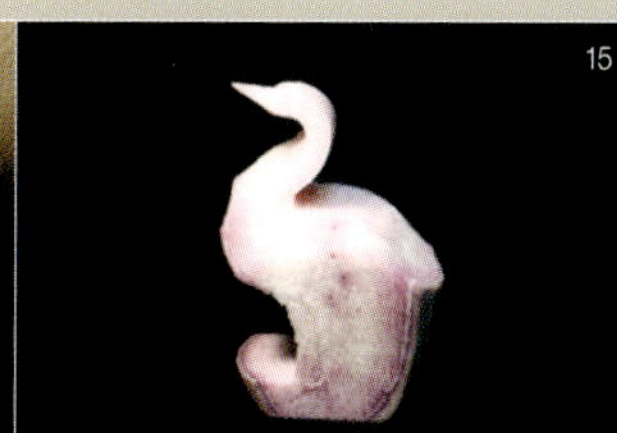

15 큰 외형 완성

16 머리부터 목까지 가늘게 깎아준다.

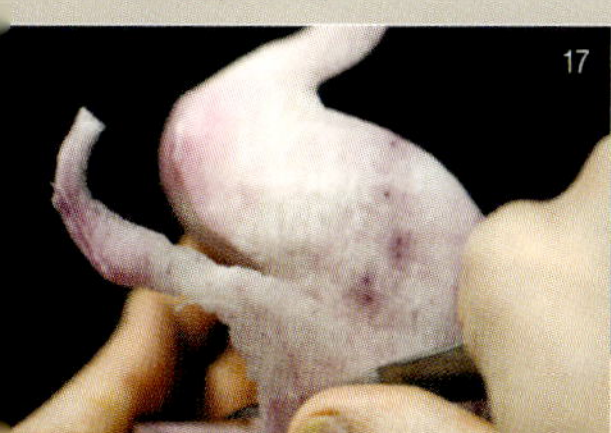

17 가슴 → 배 → 다리로 이어진 부분을
다듬는다.

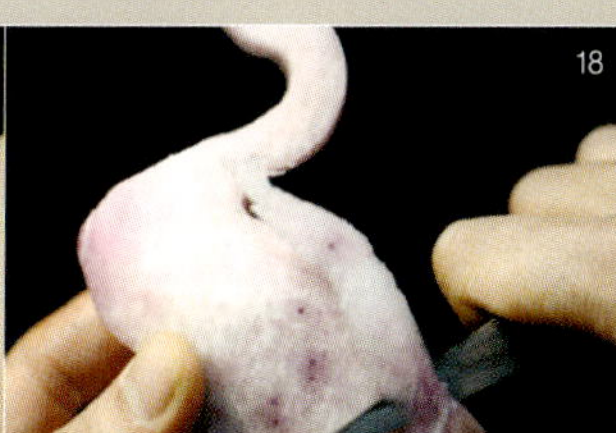

18 목 → 등 → 꼬리로 이어진 부분을
다듬는다.

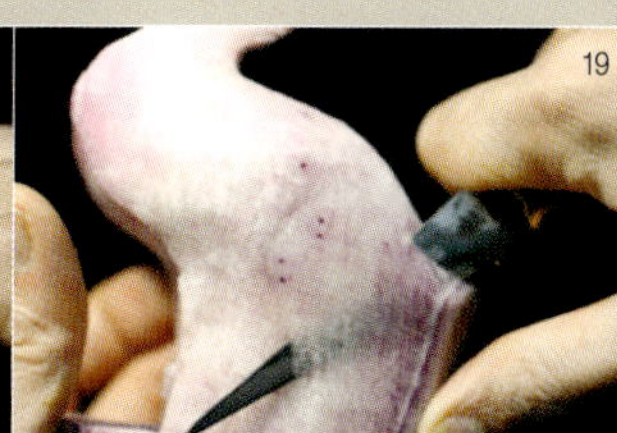

19 학 몸이 유선형이 되도록 뒤쪽을
깎아준다.

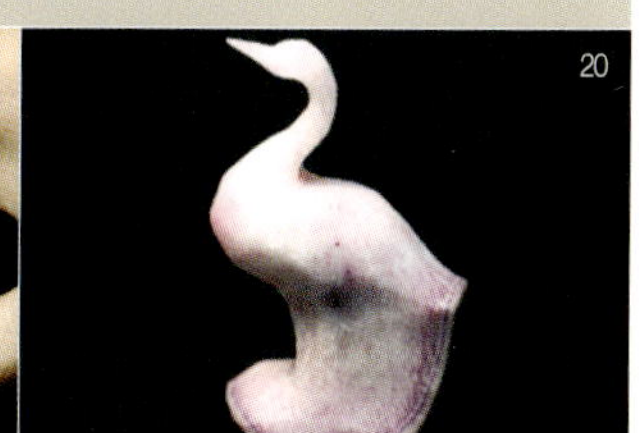

20 사진과 같이 다듬는다.

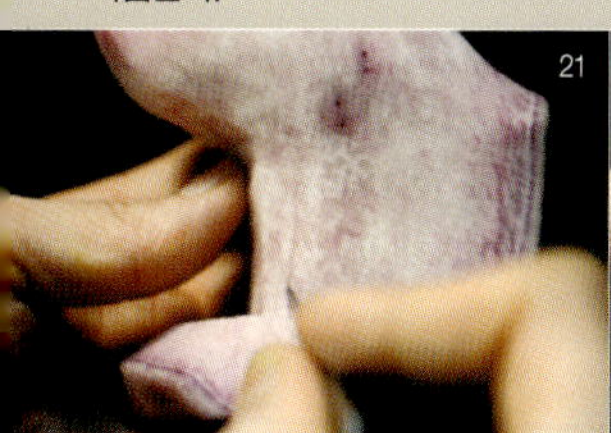

21 다리 선을 칼집을 낸다.

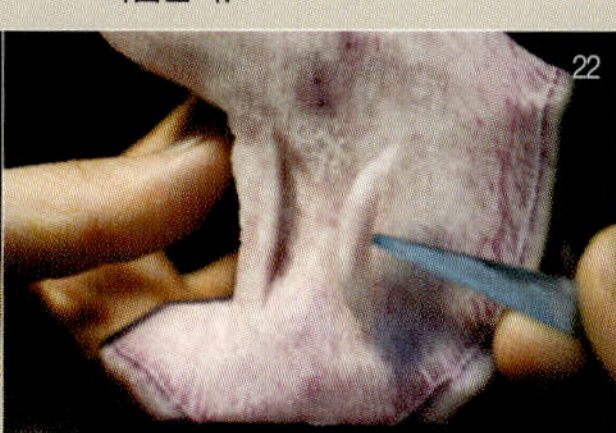

22 칼집 낸 뒤쪽을 깎아주어 다리 선이
보이도록 깎는다.

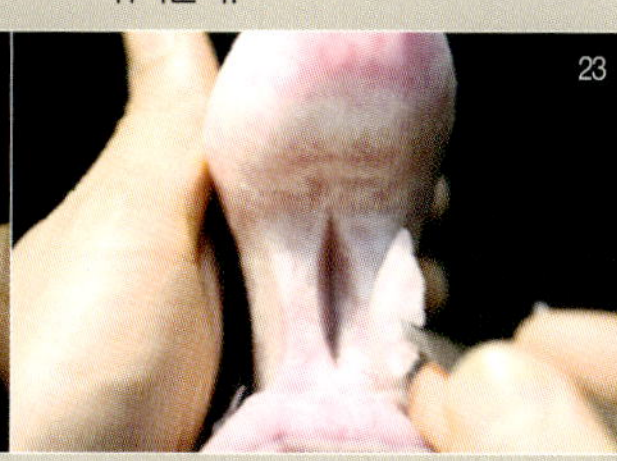

23 정면에 홈을 내주어 자리를 파준다.

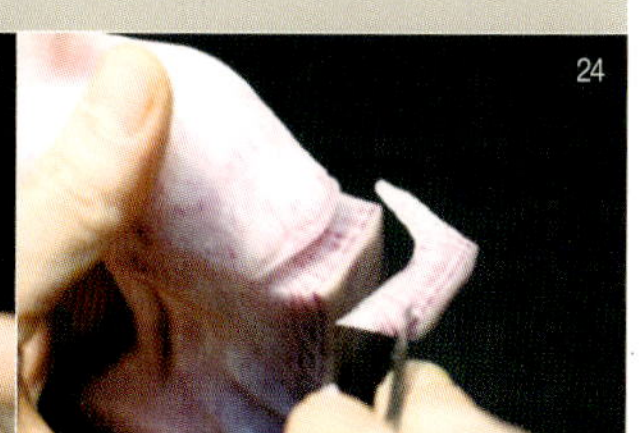

24 꽁지깃털 들어갈 자리를 파준다.

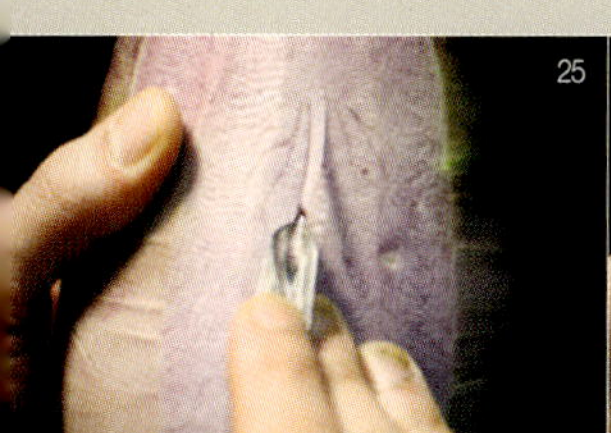

25 V도로 꽁지깃털을 만든다.

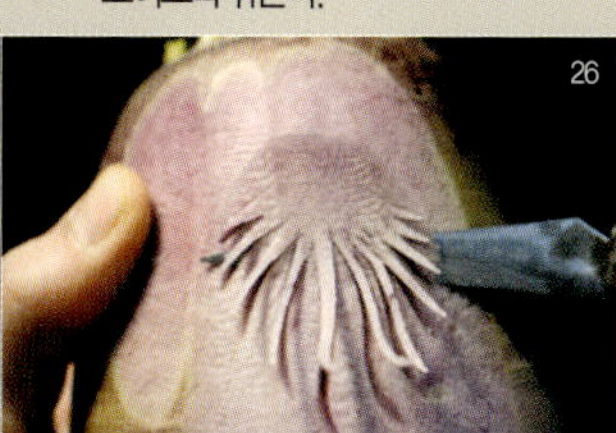

26 주도(主刀)로 꽁지깃 밑면을 깎아주어
꽁지깃을 분리한다.

27 날개와 꽁지깃을 붙여준다.

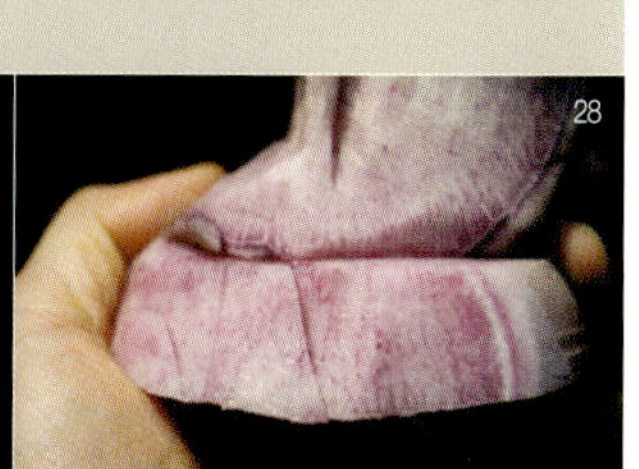

28 다리 밑면에 바위 모양을 새긴다.
29 완성

매섭고 힘 있는 매 조각하기

매

• 전문가 한마디 •

매 조각이 다른 새조각보다 어려운 이유는
부리와 눈을 매섭게 표현하기 어렵기 때문이다.
부리의 각도나 눈동자의 위치에 따라 분위기가
매서워지기도 하지만 그렇지 않기도 한다.
그러므로 매 사진을 보고여러 번 그림을 그려본
다음 조각해야 매섭고 힘 있는 매를 조각할 수 있다.

1 고구마를 사진과 같이 자른다. 머리 들어갈 공간은 뾰족하게 깎는다.

2 사진과 같이 부리를 만든다.

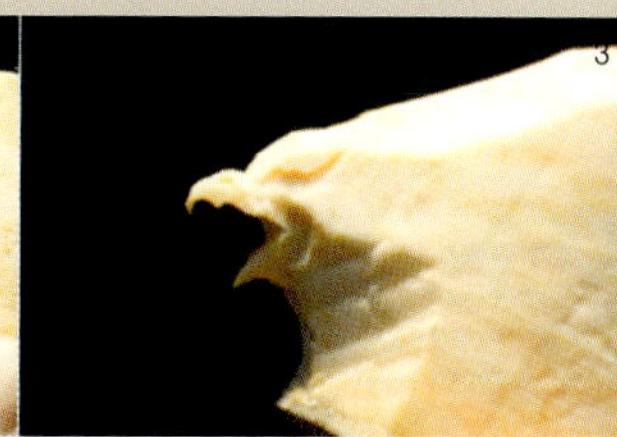

3 눈 선을 그린 다음 주도(主刀)로 눈 밑을 약간 잘라준다.

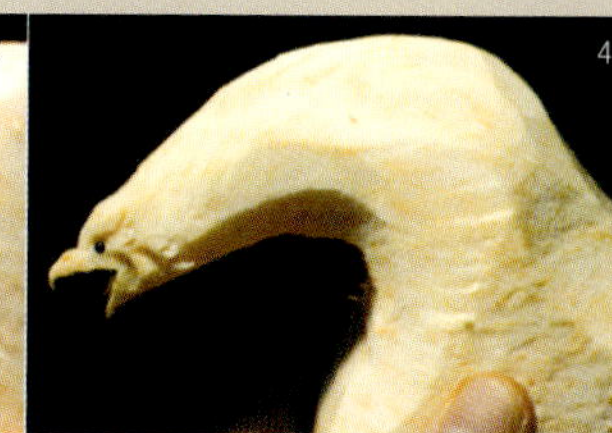

4 눈을 붙인 다음 매의 큰 형태로 잘라준다.

5 머리 깃을 주도(主刀)로 깎아준다.

6 머리 앞부터 깃털을 새겨준다.

7 사진처럼 깃털을 넣어준다.

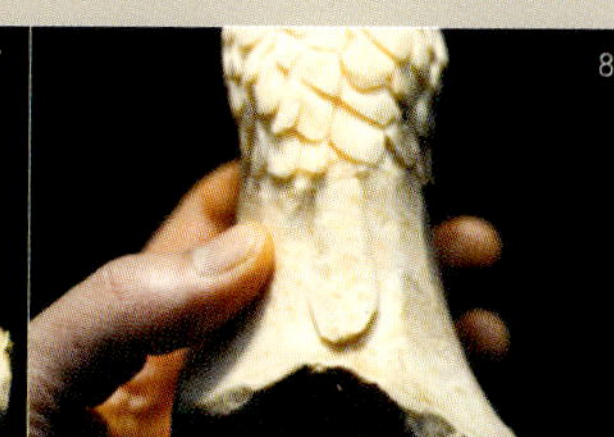

8 중앙 꽁지깃을 만든다.

9 같은 방식으로 꽁지깃을 완성한다.

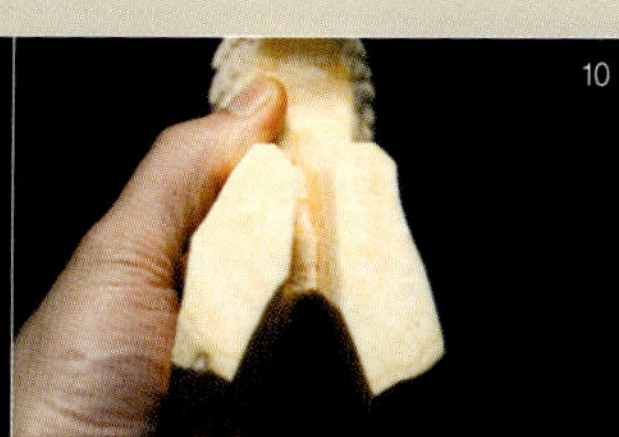

10 다리 사이의 홈을 내준다.

11 사진과 같이 다듬는다.

12 다리 깃을 주도(主刀)로 만든다.

13 꽁지깃을 만들어 붙인다.

14 날개를 사진과 같이 완성한다.

15 사진과 같이 매의 발을 완성하여 붙인다.

16 매 날개를 붙일 홈을 파준다.
17 홈에 날개를 붙여서 완성한다.

비상하는 봉황 철저하게 만들어보기

봉황

1 사진과 같이 당근을 붙인다.

2 부리 들어갈 부분을 사진과 같이 깎아준다.

3 부리 윗부분을 잘라준다.

4 사진과 같이 주도(主刀)로 잘라준다.

25

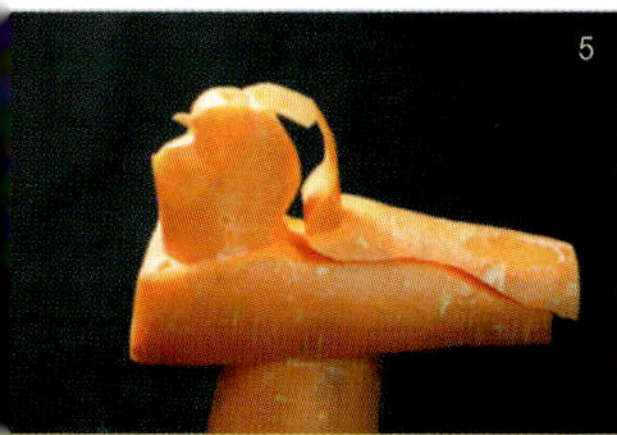

5 머리→등→꼬리 선을 잘라준다.

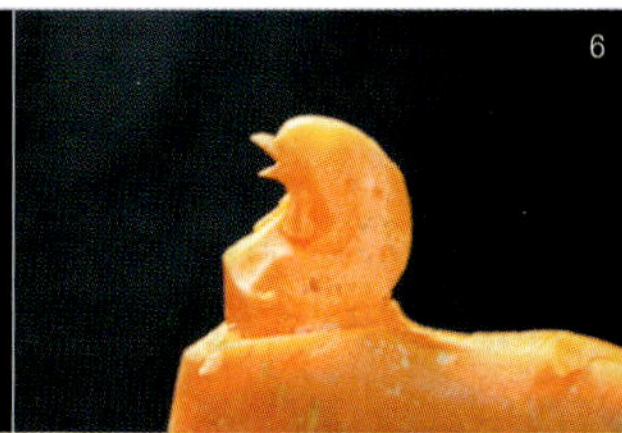

6 아랫볏을 새긴다.

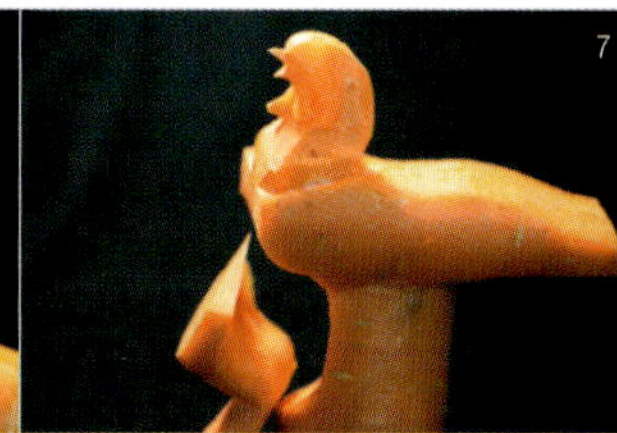

7 목→가슴→배→다리 선을 잘라준다.

8 사진과 같이 다듬는다.

9 눈을 붙여준다.

10 가슴깃을 주도(主刀)로 새긴다.

11 가슴깃을 한층 더 만든다.

12 주도(主刀)로 봉황 몸 전체에 깃털을 만든다.

13 봉황 머리깃을 깎아서 붙인다.

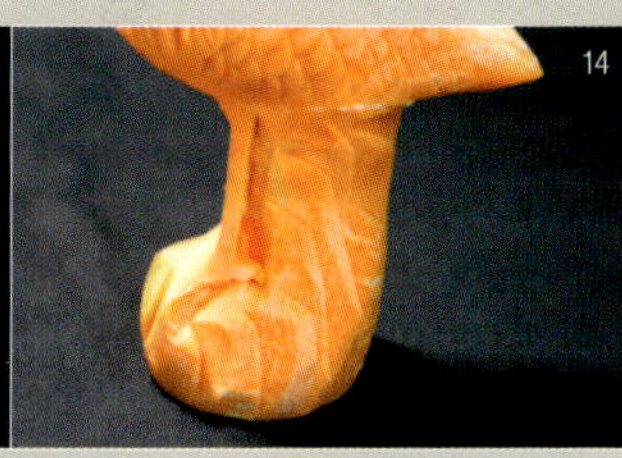

14 다리와 바위 모양을 만든다.

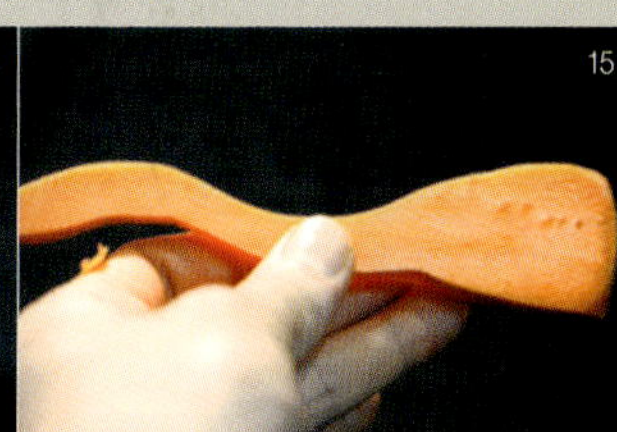

15 꽁지깃털 큰 형태를 만든다(1.5cm 두께로).

16 사진과 같이 깎아준다.

17 꽁지깃을 완성한다.

18 완성된 꽁지깃을 편으로 자른다.

19 꽁지깃을 붙여준다.

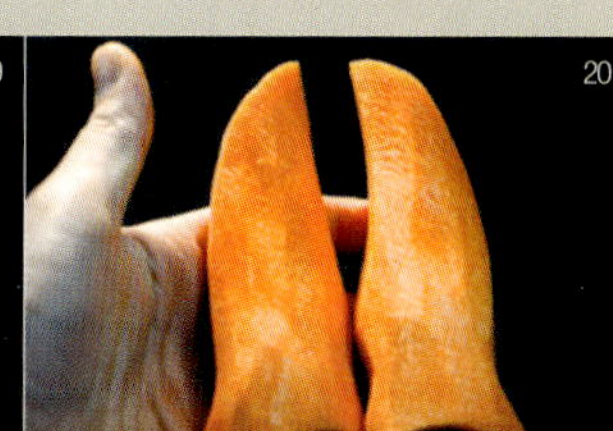

20 날개 큰 형태를 만들어 준다.

21 주도(主刀)로 깃털을 새긴다.

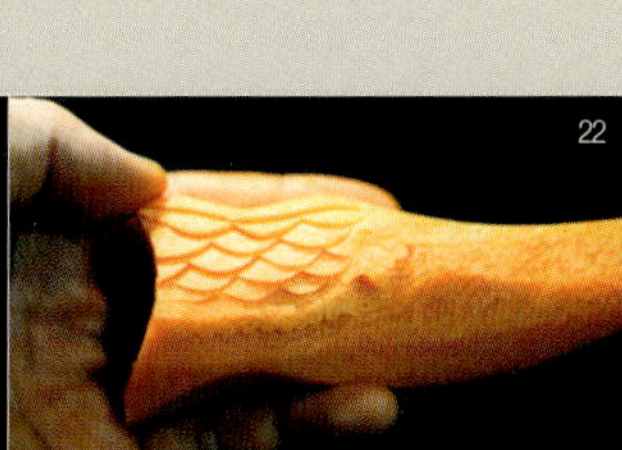

22 U도로 덮깃을 만든다.

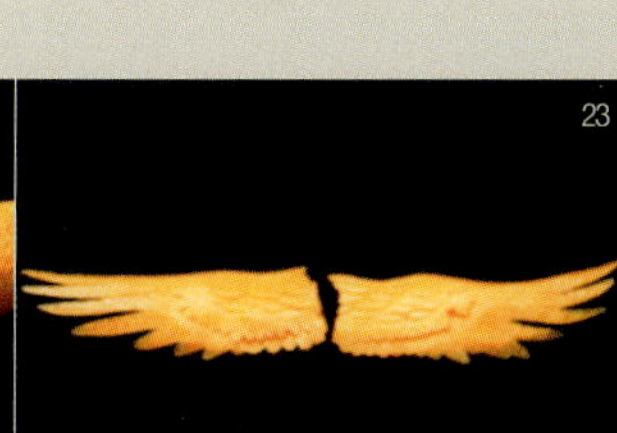

23 사진과 같이 날개를 완성한다.

24 오른다리를 깎아 붙이고 날개 붙일 자리를 도려낸다.

25 날개를 붙여서 완성한다.

곡선비늘을 살려 잉어 조각하기

잉어

1 당근을 사진과 같이 절단한다.

2 잉어 외형을 주도(主刀)로 그려준다.

3 그린 외형을 잘라낸다.

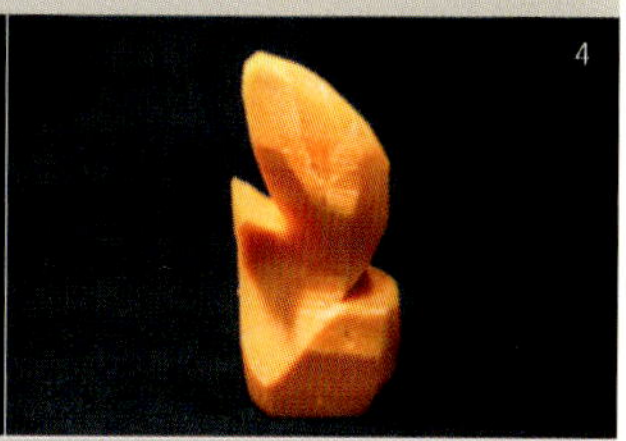

4 사진과 같이 잉어의 유선형 모양과 꼬리 지느러미의 휘어진 부분을 생각하여 깎아준다.

5 반대편도 다듬어 준다.

6 입을 조각한다.

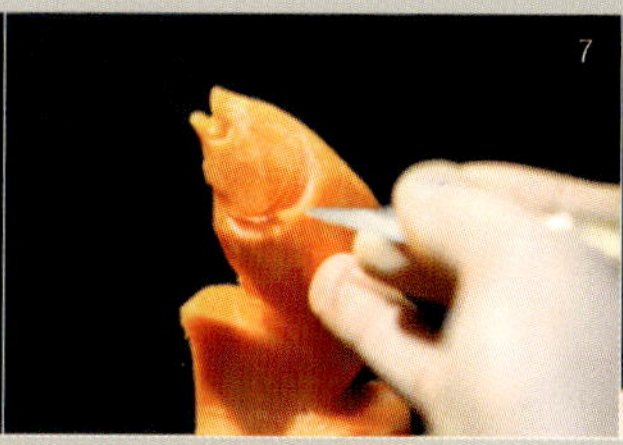

7 주도(主刀)로 아가미선을 그은 다음 아가미 밑면을 도려낸다.

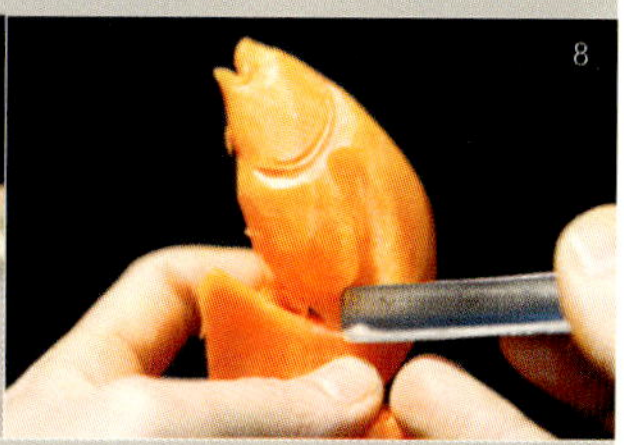

8 U도로 사진과 같이 파준다.

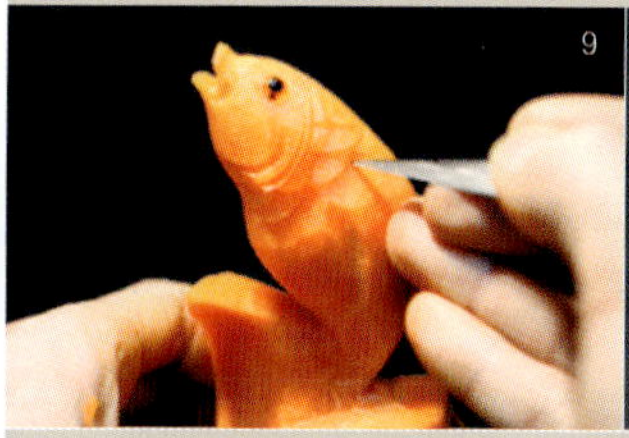

9 머리 쪽부터 비늘을 새긴다.

10 비늘을 꼬리 전까지 새긴다.

11 꼬리지느러미 큰 형태를 잘라준다.

12 V도로 꼬리지느러미를 자세하게 표현해 준다.

13 V도로 물결 큰 형태를 그려준다.

14 사진과 같이 V도로 파준다.

15 사진과 같이 자세하게 물결을 표현한다.

16 등지느러미, 배지느러미, 수염을 조각하여 붙여서 완성한다.

17 완성

어항 속의 금붕어 살려보기

금붕어

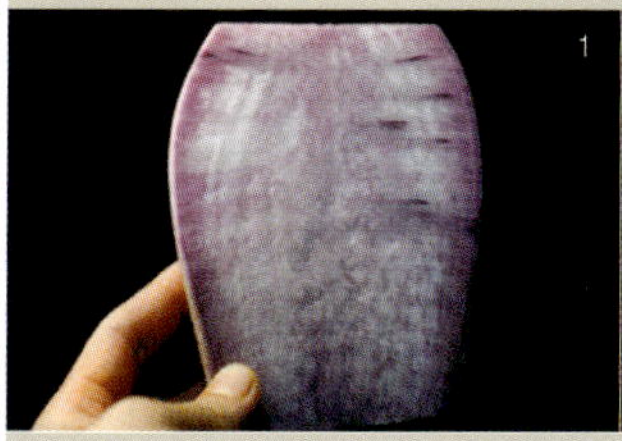

1 4cm 두께로 무를 자른다.

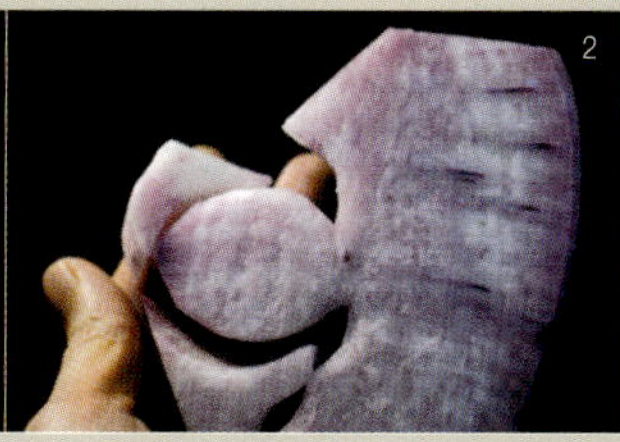

2 사진과 같이 잘라준다.

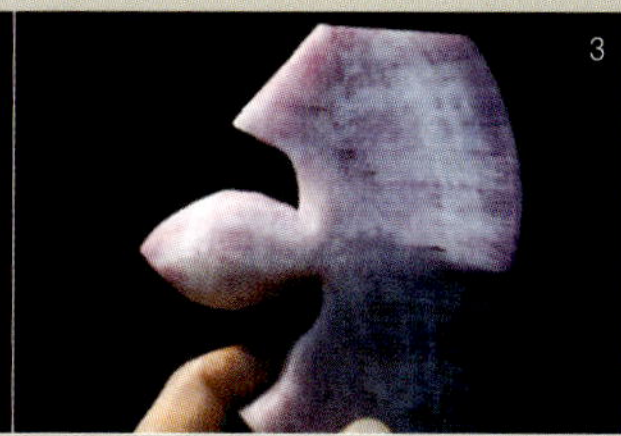

3 사진과 같이 다듬는다.

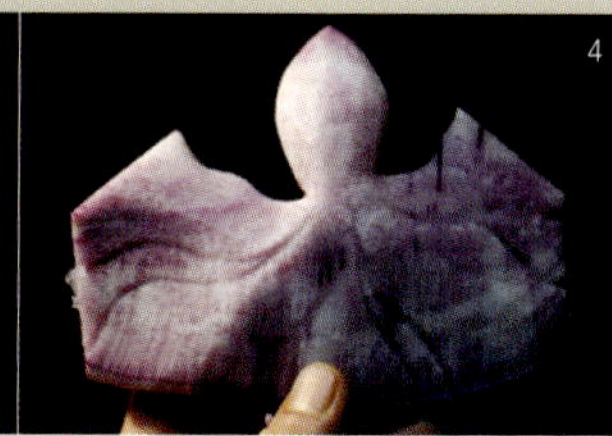

4 꼬리지느러미 모양을 그려준다.

5 꼬리지느러미 외형을 잘라준다.

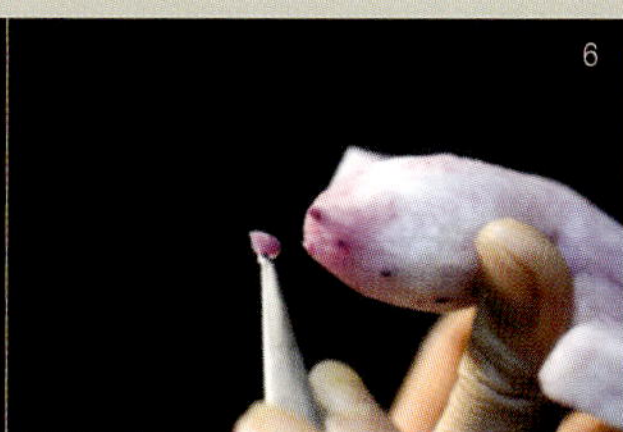

6 입을 파준다.

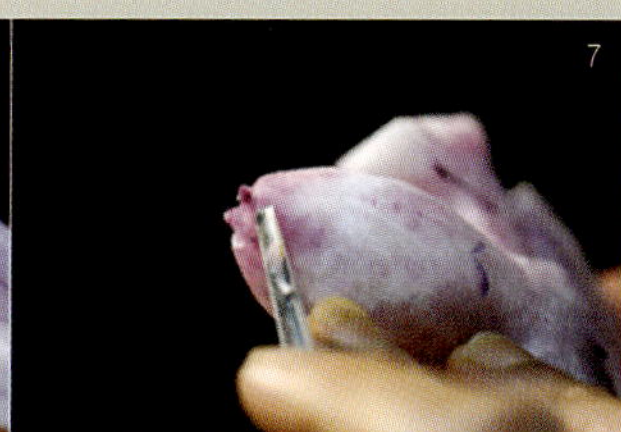

7 입 주위를 U도로 깎아준다.

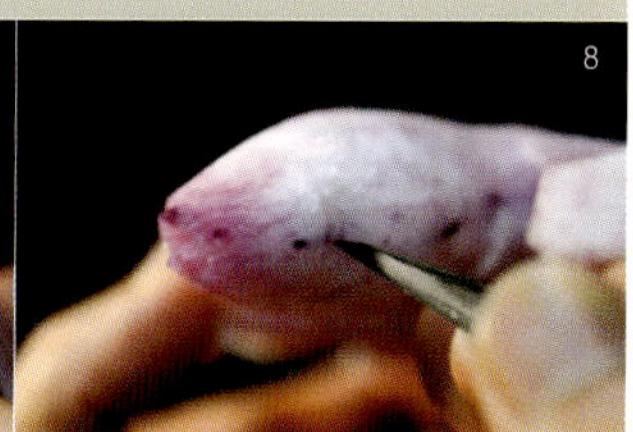

8 아가미 선을 만들어준다.

9 꼬리지느러미에 U도로 볼륨을 준다.

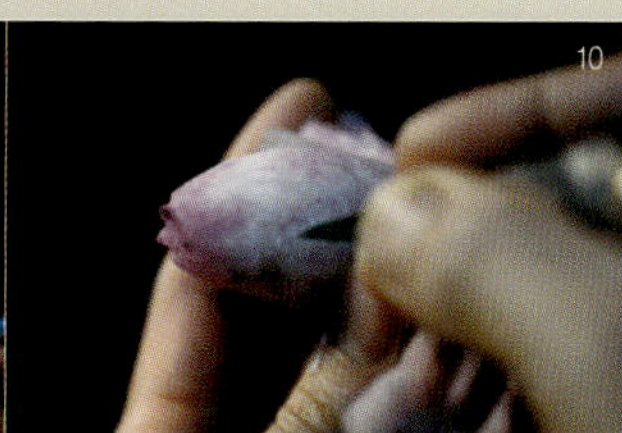

10 머리 쪽부터 주도(主刀)로 볼륨을 새긴다.

11 꼬리지느러미까지 비늘을 넣는다.

12 V도로 꼬리지느러미를 자세하게 표현한다.

13 사진과 같이 다듬는다.

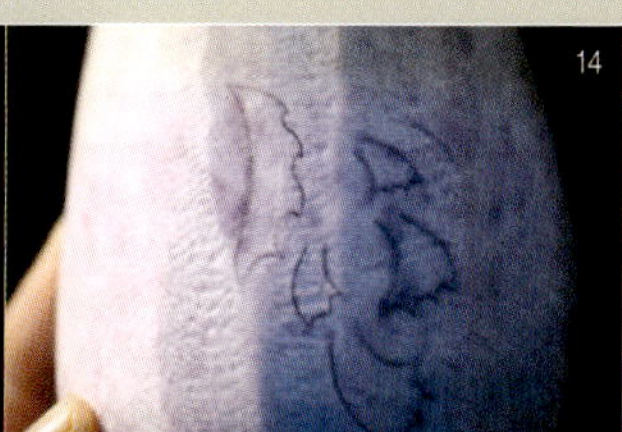

14 무에 주도(主刀)로 등, 배, 가슴지느러미를 새긴다.

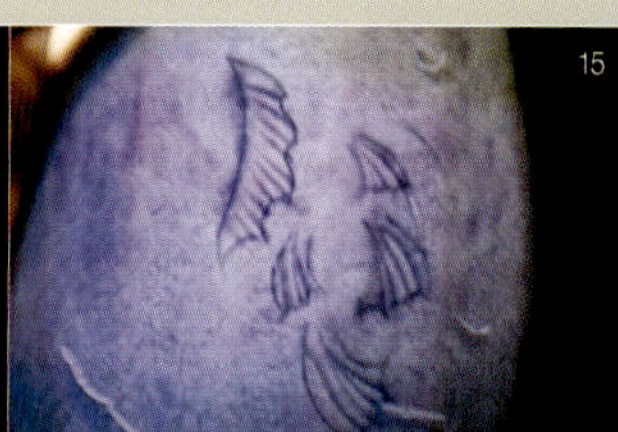

15 V도로 자세하게 표현한다.

16 눈과 지느러미를 만들어 붙여서 완성한다.

17 완성

톡톡 튀는 새우 느낌 살려 조각하기

왕새우

• 전문가 한마디 •

새우 발을 조각할 때는 V도를 깊숙하게 넣어야 19번 조각과정 사진처럼 다리가 떨어지지 않고 조각한 새우만 가지런히 떼어낼 수 있다.

1 두께 2.5cm의 호박을 자른다.

2 V도로 새우의 외형을 그려준다.

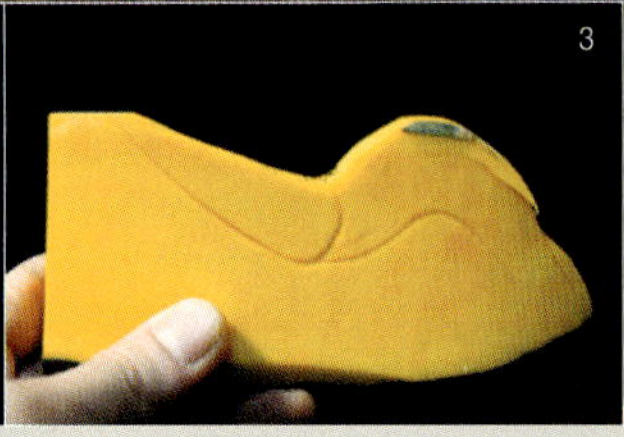

3 사진과 같이 자른다.

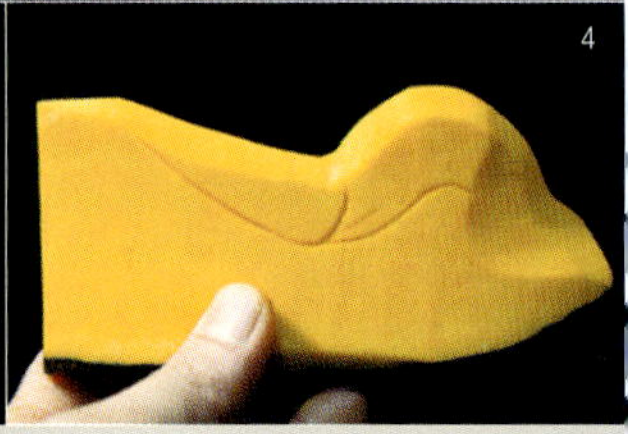

4 머리 위쪽, 등, 꼬리 부분을 다듬는다.

5 머리에 있는 가시를 표현해 준다.

6 눈을 만든다.

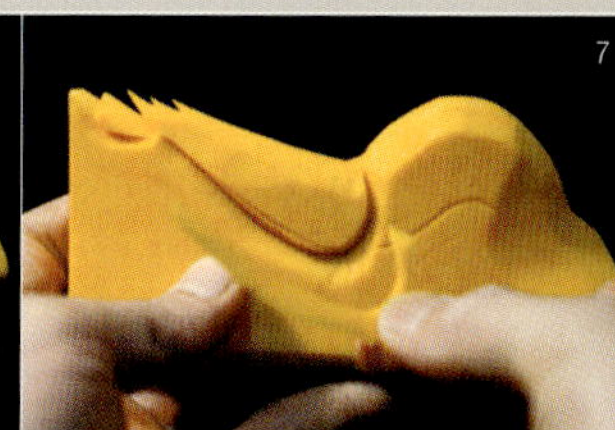

7 주도(主刀)로 머리 부분을 사진과 같이 다듬는다.

8 주도(主刀)로 배마디를 표현한다.

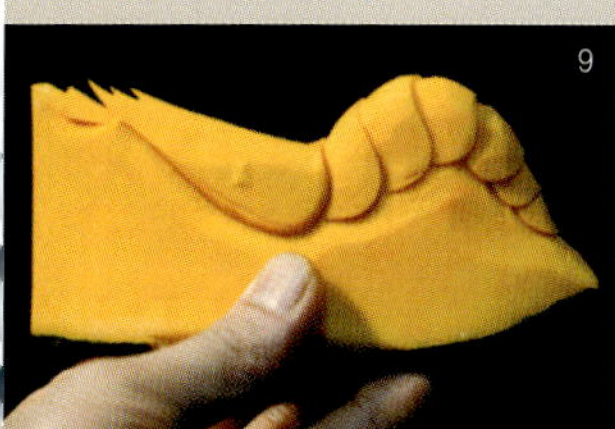

9 꼬리까지 7마디를 새긴다.

10 중앙 꼬리를 만든다.

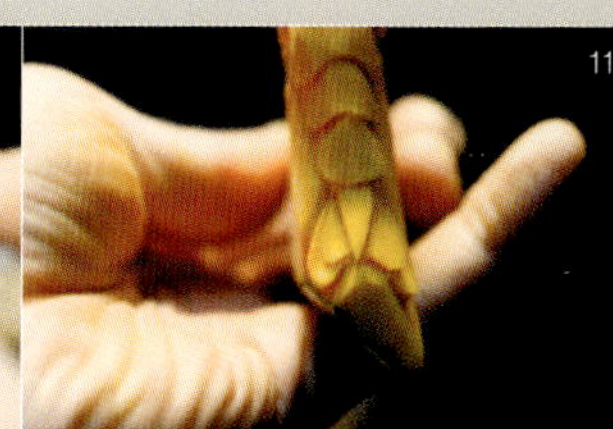

11 꼬리를 완성한다.

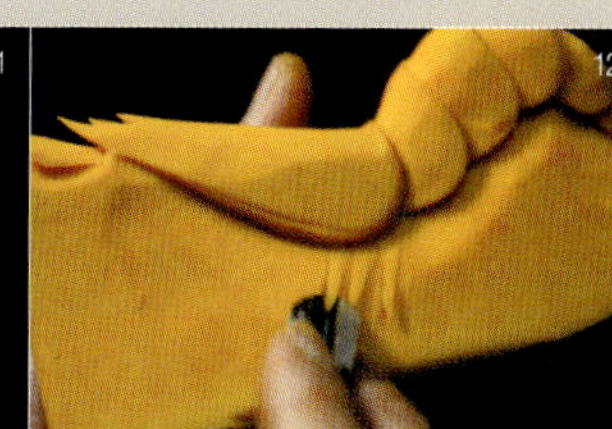

12 V도로 발을 만든다.

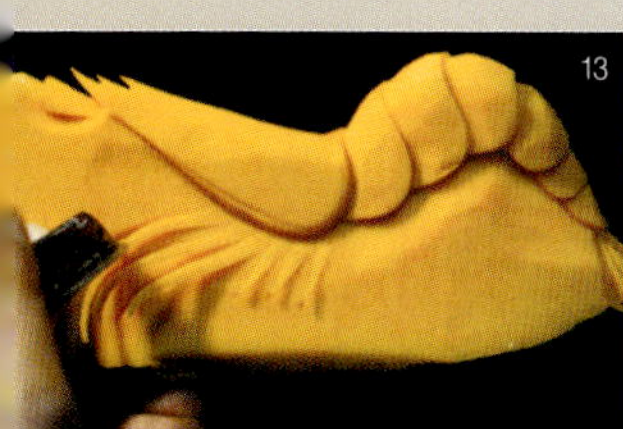

13 사진과 같이 발을 만든다.

14 사진과 같이 절단한다.

15 작은 V도로 발을 표현한다.

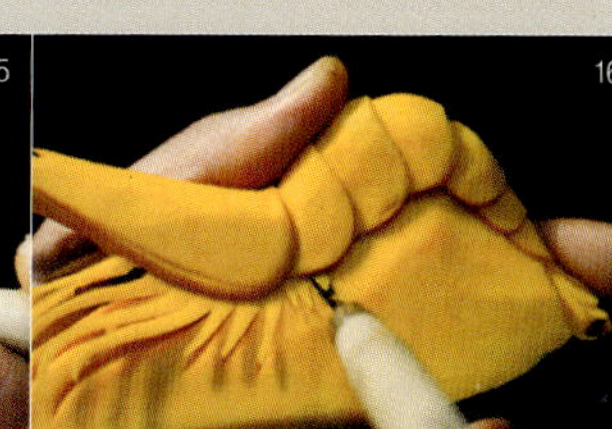

16 작은 V도로 헤엄발을 만든다.

17 꼬리까지 헤엄발을 만든다.

18 꼬리 쪽에 칼집을 넣는다.

19 새우는 다리가 떨어지지 않도록 떼어 낸다.

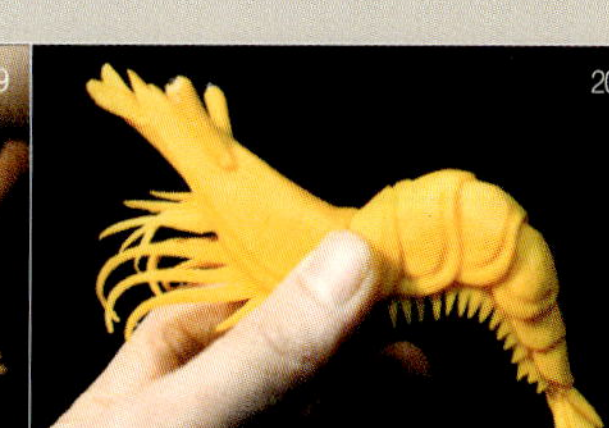

20 완성

나만의 예쁜 열대어 창조하기

열대어

• 전문가 한마디 •

열대어의 종류는 여러 가지가 있다. 먼저 예쁜 열대어를 골라서 그림을 그려보고 나만의 예쁜 열대어 조각을 만들어보자.

1 2cm 두께의 무를 준비한다.

2 칼등으로 열대어 외형을 그려준다.

3 외형을 잘라준다.

4 열대어가 유선형이 되도록 다듬는다.

5 U도로 몸과 지느러미 분리선을 넣어준다.

6 U도로 지느러미에 굴곡을 준다.

7 주도(主刀)로 입을 파낸다.

8 U도로 아가미 선을 표현한다.

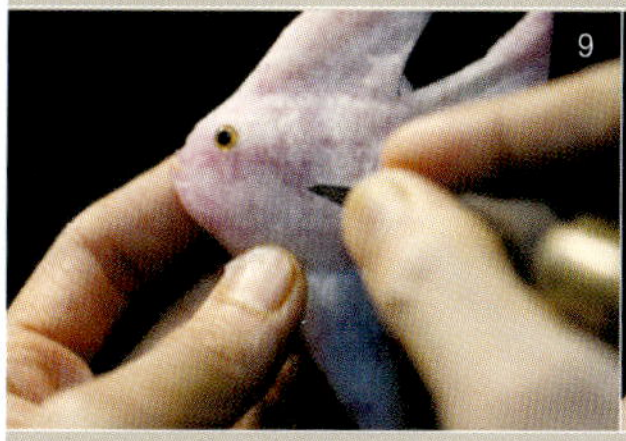

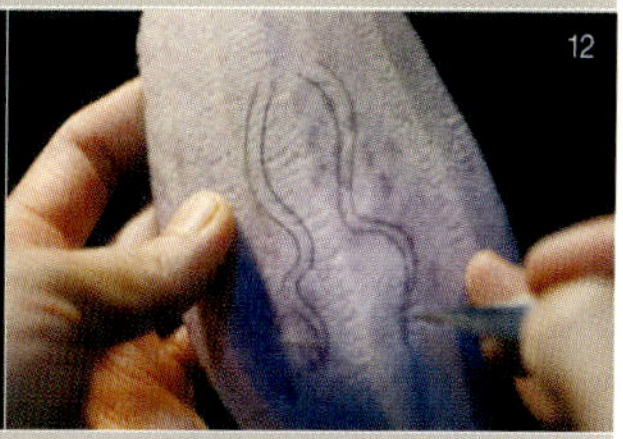

9 주도(主刀)로 비늘을 머리 부분부터 넣어 준다.

10 몸에다 비늘을 전부 새긴다.

11 V도로 지느러미에 무늬를 새긴다.

12 주도(主刀)로 긴 배지느러미를 새긴다.

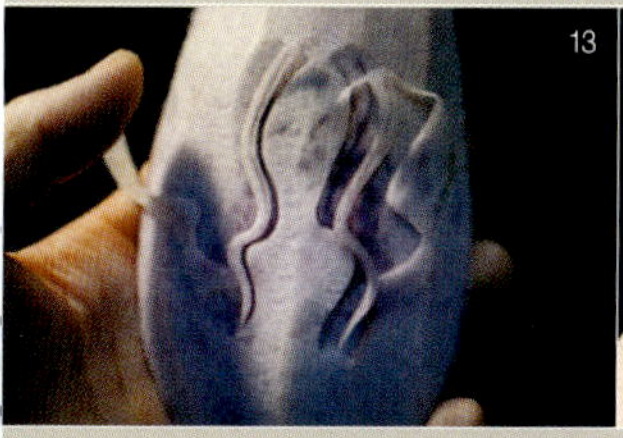

13 주도(主刀)로 칼집을 넣어 떠낸다.

14 긴 배지느러미를 붙여서 완성한다.

15 완성

기품 있고 예쁜 사슴 만들어보기

사슴

• 전문가 한마디 - 식품조각과 그림의 관계 •

꽃조각 시에는 그림 그리는 능력이 조각과 큰 상관관계가 없으나 꽃 이외의 모든 조각 시에는 칼로 그림이 그려져야 그 형태를 비슷하게 깎을 수 있기 때문에 매우 중요하다. 필자가 경험한 바에 의하면 그림을 잘 그리는 사람이 조각을 배웠을 때 잘할 가능성이 90퍼센트 이상 된다. 깎고자 하는 주제를 여러 번 그려봐서 주제의 외형, 각 부분의 비율과 특징을 숙지한 다음 조각하는 것이 실력 향상에 큰 도움이 된다.

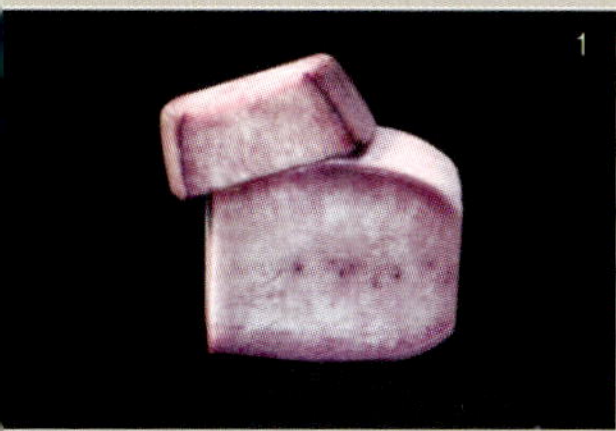

1 사진과 같이 무를 붙인다.

2 목 들어갈 자리를 가늘게 해준다.

3 주도(主刀)칼등으로 사슴의 외형을 그린다.

4 사진과 같이 깎아준다.

5 밑면 다리 부분을 2등분한다.

6 왼쪽 다리 모양을 그려준다.

7 그려준 모양대로 잘라준다.

8 오른쪽 다리 모양을 그려준다.

9 그려준 모양대로 오른쪽 다리를 잘라준다.

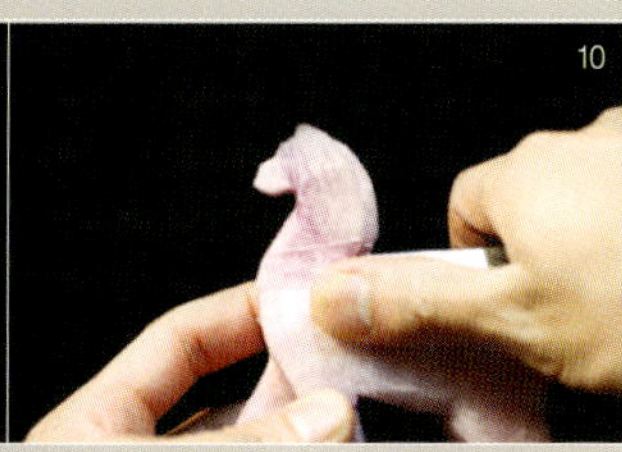

10 머리부터 목까지 가늘게 깎아준다.

11 머리→목→등→엉덩이 선까지 다듬는다.

12 목→가슴→배→다리 순서로 다듬어준다.

13 귀와 뿔을 사진과 같이 잘라준다.

14 귀와 뿔을 붙여서 완성한다.
15 완성

신화 속의 용 생동감 있게 표현하기

용

• 전문가 한마디 •

용의 전체 길이는 용머리 크기의(머리털 포함 길이) 7~8배 정도이며 발길이는 머리 크기보다 약간 작게 만든다. 다리는 몸 앞에서 $\frac{1}{3}$, 몸 뒤에서 $\frac{1}{3}$ 부분에 각각 위치하며 완성된 용의 꼬리는 위쪽으로 향하고 있어야 힘이 있어 보인다. 용의 몸통 굵기는 머리 굵기의 반 정도가 적당하며, 용 몸에서 제일 굵은 곳은 가슴 부분이다. 완성된 용의 형태는 4~5개의 굴곡이 있어야 생동감이 있어 보인다. 위와 같은 비율로 만들 때 가장 안정감 있고 힘 있으면서 생동감 넘치는 용이 된다.

48

1 당근을 사진과 같이 자른다.

2 코와 눈 들어갈 자리를 만든다.

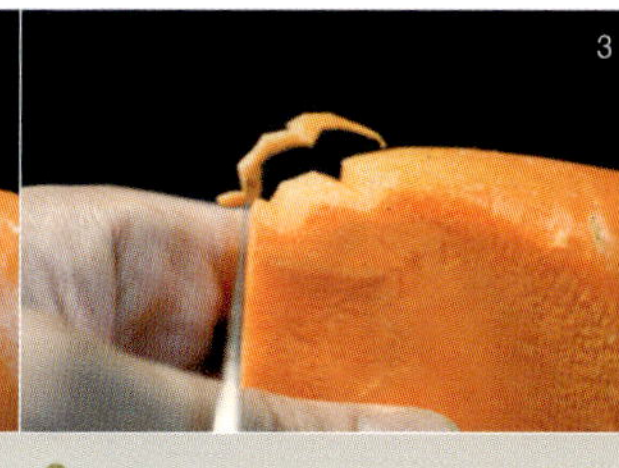
3 사진과 같이 다듬는다.

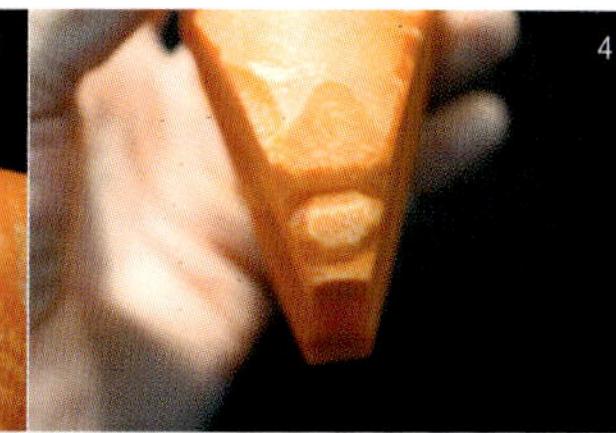
4 위쪽에서 본 사진이다. 자세히 보고 다듬어 보자.

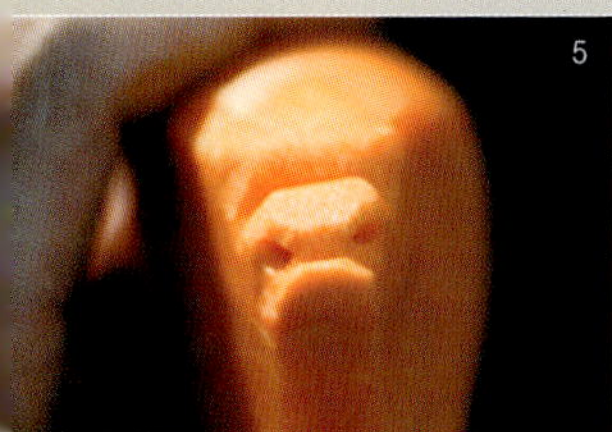
5 콧구멍을 내준다.

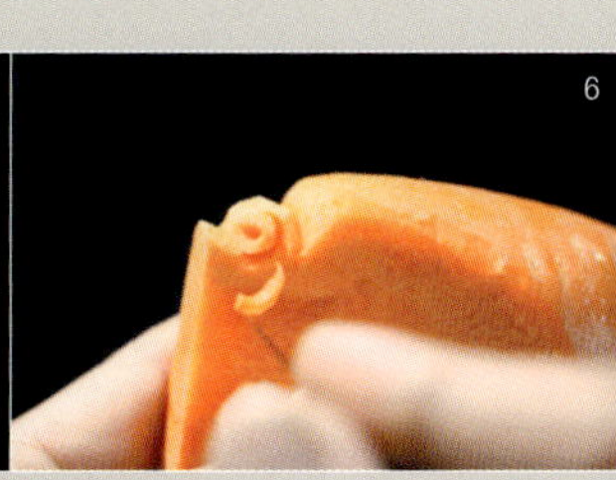
6 코 밑을 깎아준다.

7 주도(主刀)로 눈을 그려준다.

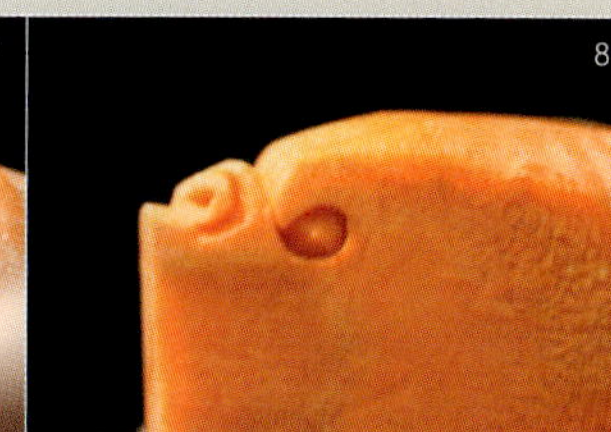
8 눈을 다듬어 준다.

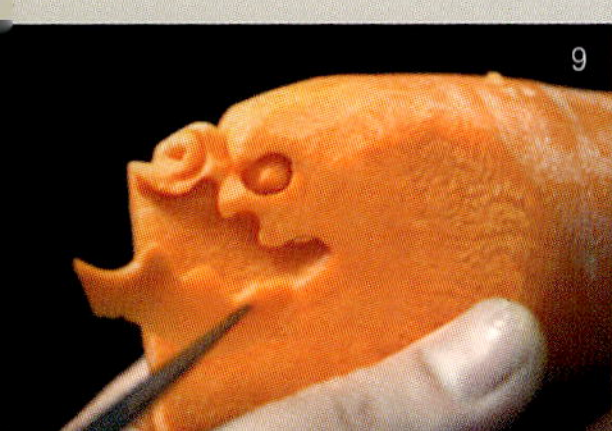
9 윗입 선을 사진과 같이 넣어준다.

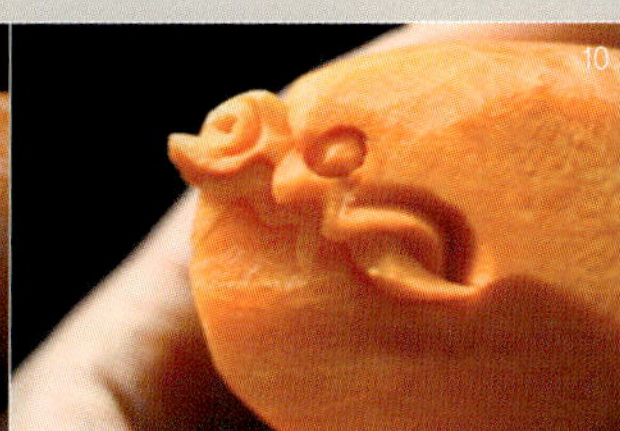
10 윗이빨을 넣어준다.

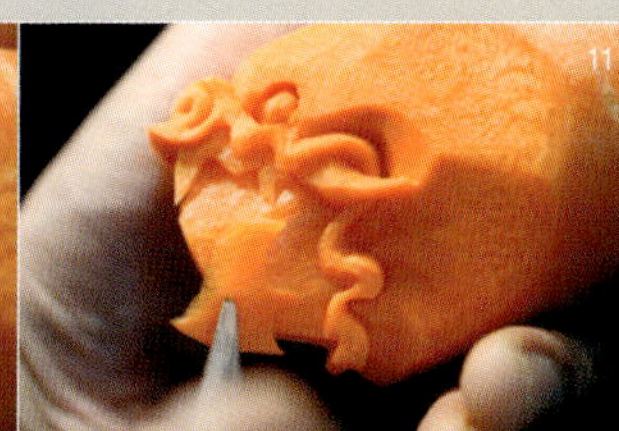
11 아랫입 선을 사진과 같이 넣어준다.

12 아랫이빨을 넣어준다.

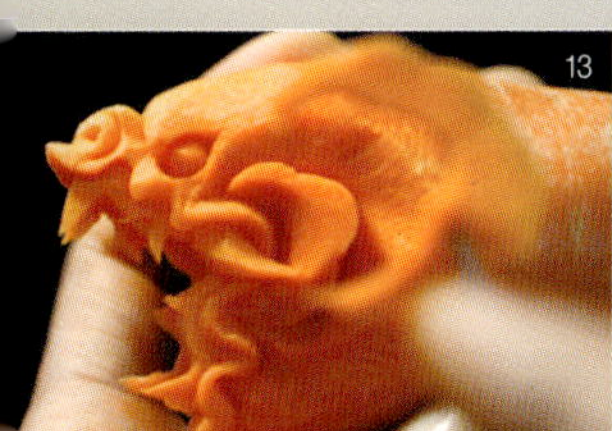
13 턱 근육을 만들어준다.

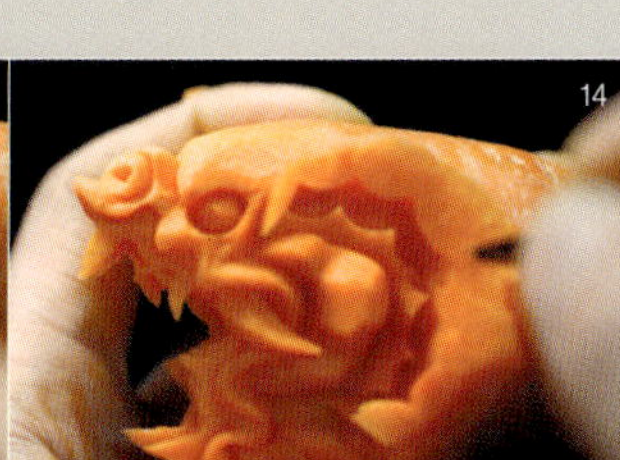
14 아가미 선을 만들어 준다.

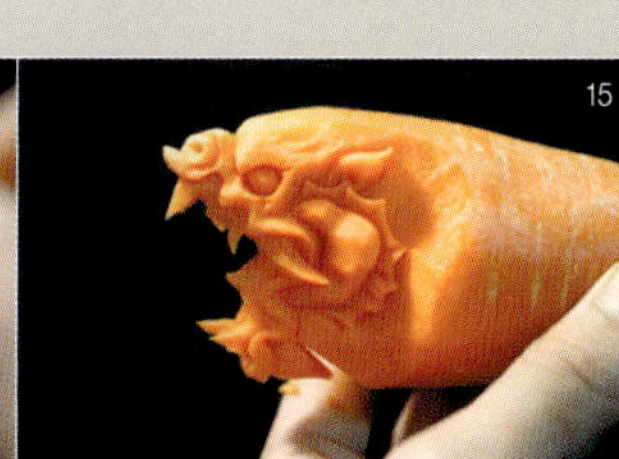
15 귀와 눈썹을 만든다.

16 사진과 같이 잘라준다.

17 뿔을 사진과 같이 만든다.

18 뿔을 다듬어 준다.

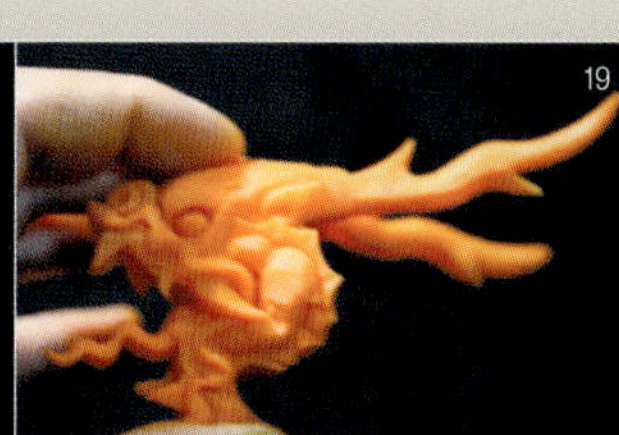
19 뿔과 혀를 붙인다.

20 용 수염은 사진과 같이 칼집을 넣는다.

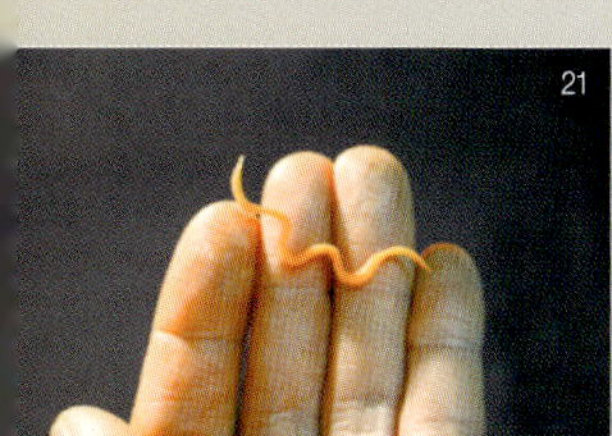
21 수염을 떼어낸다.

22 용머리에 용수염과 털을 붙인다.

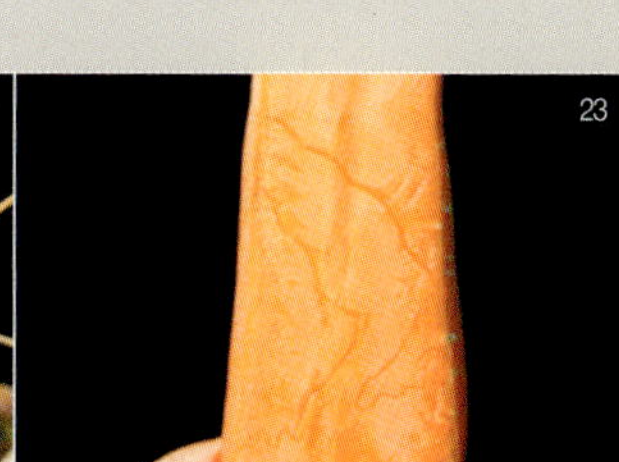
23 1.5cm 두께의 당근에 사진과 같이 그려준다.

24 외형을 잘라준다.

25 다리의 정면 사진이다. 두께를 잘 보고 깎아준다.

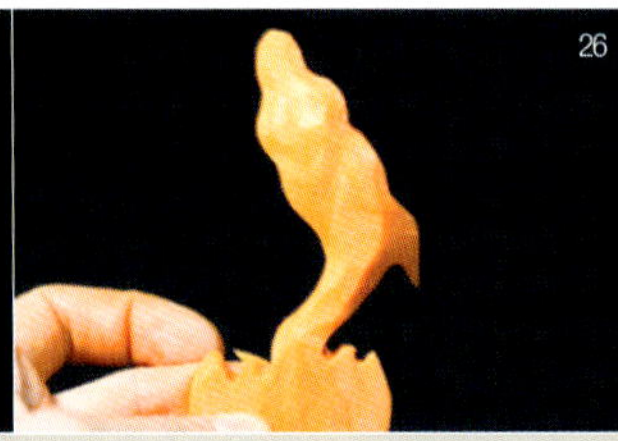

26 각진 부분을 깎아준다.

27 다리 허벅지에 불꽃 무늬를 새긴다.

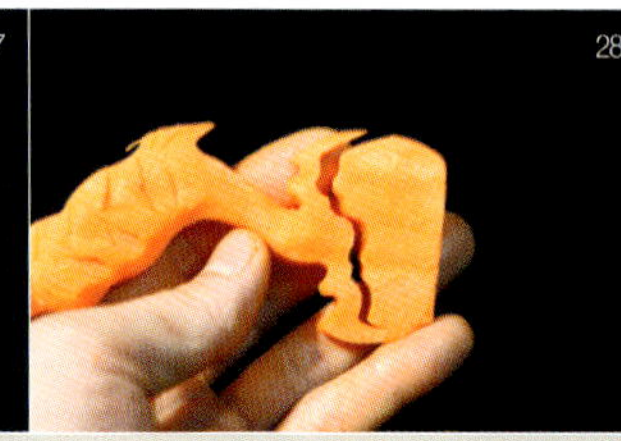

28 사진과 같이 잘라낸다.

29 4mm 정도 두께의 당근을 사진과 같이 깎아준다(필도법).

30 사진과 같이 떼어낸다.

31 2개의 발가락을 붙인다.

32 사진과 같은 모양으로 당근을 여러 개 자른다.

33 사진과 같이 붙인다.

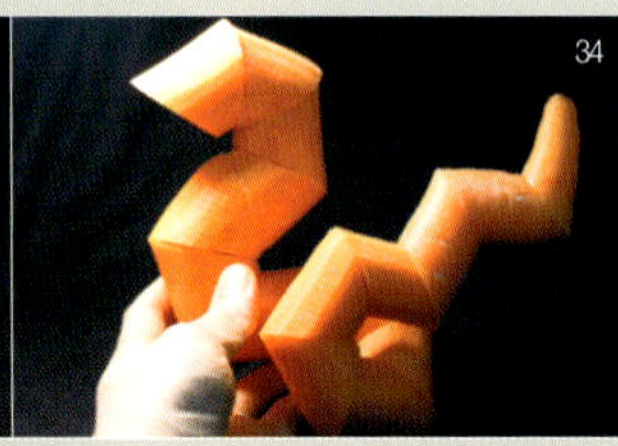

34 용의 휘는 모양을 생각하며 당근을 붙인다.

35 붙인 당근의 양면을 다듬는다(두께 2.5cm).

36 위, 아래를 다듬는다(넓이 3cm).

37 각진 부분을 다듬는다.

38 사진과 같이 홈을 내준다.

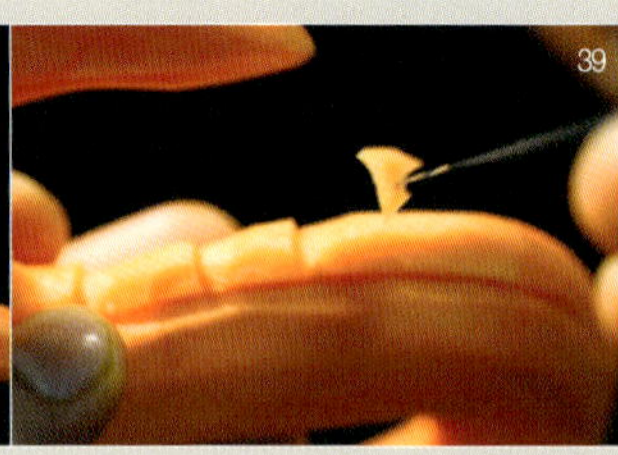

39 용에 배 무늬를 넣어준다.

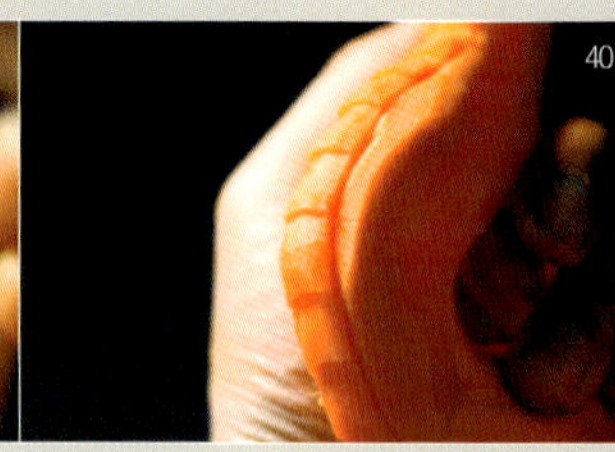

40 배 무늬를 완성한다.

41 용 몸에 비늘을 넣어준다.

42 사진과 같이 잘라낸다. 몸이 휘어진 곳의 안쪽은 비늘을 작게, 바깥쪽은 넓게 내어서 자연스럽게 한다.

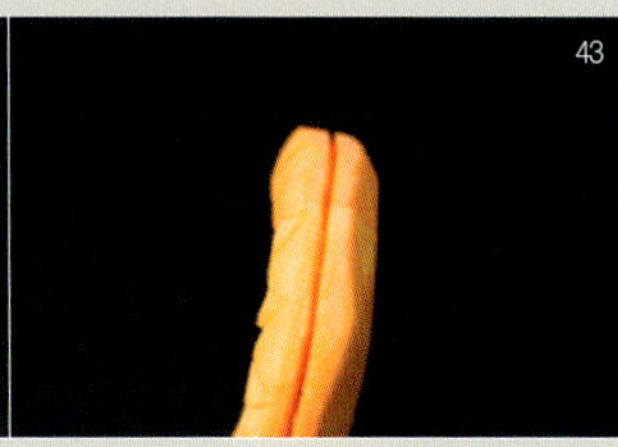

43 등에 지느러미 붙일 홈을 내준다.

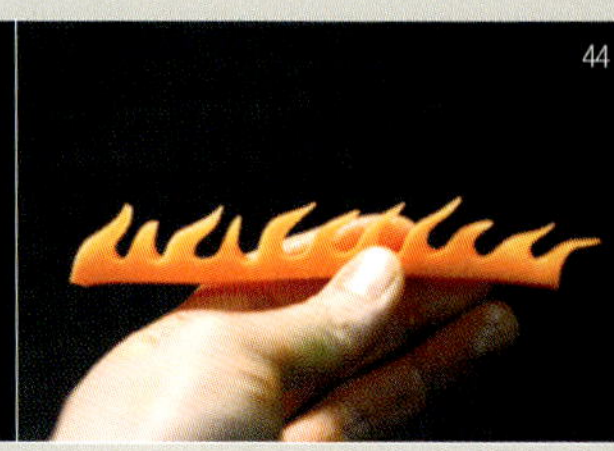

44 등지느러미를 1cm 두께로 사진과 같이 깎아준다.

45 여러 장 편을 내준다.

46 사진과 같이 붙인다.

47 꼬리를 만들어 준다.

48 머리와 다리, 꼬리를 몸에 붙여서 완성한다.

PART 3

과일조각 과정

바나나 모양내기

단감 모양내기

멜론 모양내기 1~2

배 모양내기 1~2

수박 모양내기 1~4

사과 모양내기 1~3

파인애플 모양내기 1~2

귤 모양내기

오렌지 모양내기 1~7

키위 모양내기

바나나의 느낌 살려 만들어보기

바나나 모양내기

9

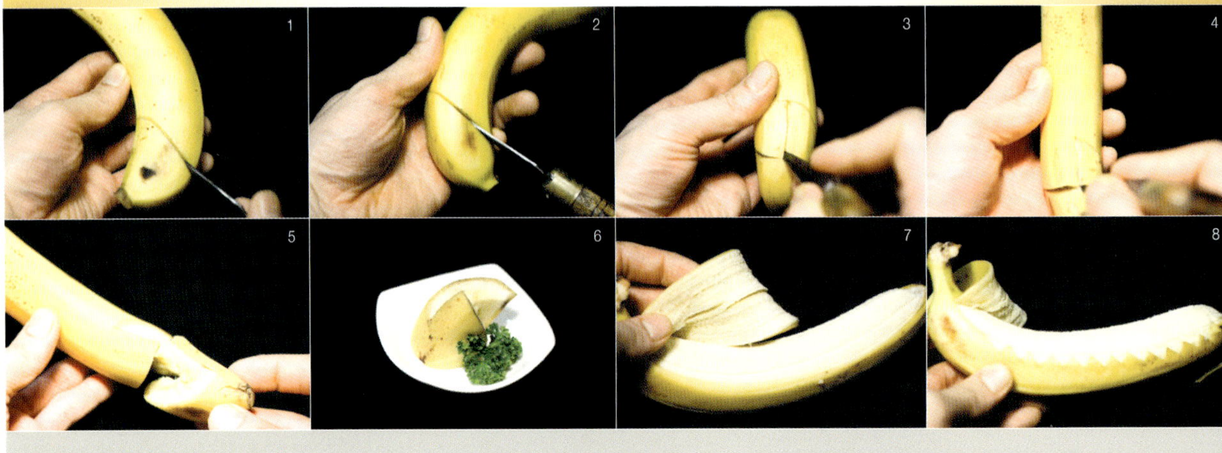

1 이 지점까지 이 정도 깊이로 칼집을 어슷하게 낸다. **2** 바나나 반대면도 같은 방식으로 칼집을 낸다. **3, 4** 세로 칼집을 사진과 같이 낸다. **5** 떼어낸다. **6** 완성
7 바나나의 반은 칼집을 내고 껍질을 벗겨준다. **8** 주도(主刀)로 사진과 같이 칼집을 넣는다. **9** 완성

먹음직스러운 단감 관찰력 있게 모양내기

단감 모양내기

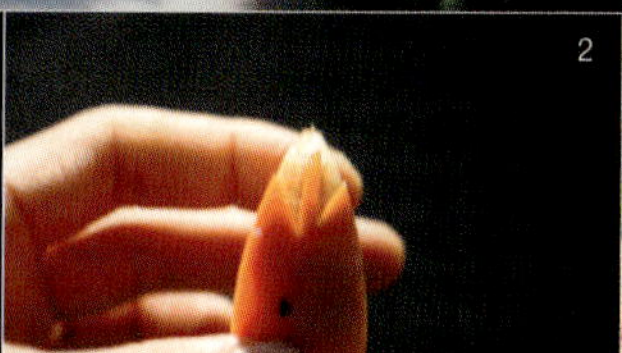

1 단감을 8등분한다. 2 사진과 같이 칼집을 낸다. 3 비스듬히 칼집을 넣는다. 4 사진과 같이 끼운다. 5 8조각 모두 사진과 같이 만든다.

시원한 느낌 살려 조각하기

멜론 모양내기 1

1 멜론을 사진과 같이 자른다.

2 주도(主刀)로 다음과 같이 칼집을 낸다.

3 껍질을 따라서 칼집을 내준다.

4 완성

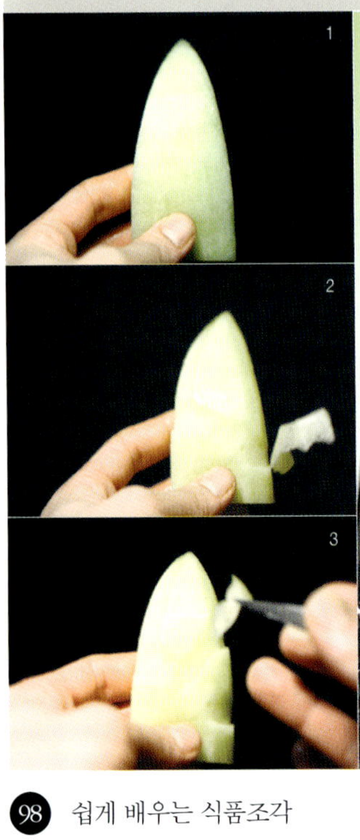

1 멜론을 사진과 같이 자른다.

2 주도(主刀)로 사진과 같이 깎아 준다.

3 한 쪽 한 쪽 순서대로 깎아준다.

4 완성

시원한 느낌 살려 조각하기

멜론 모양내기 2

4

1

2

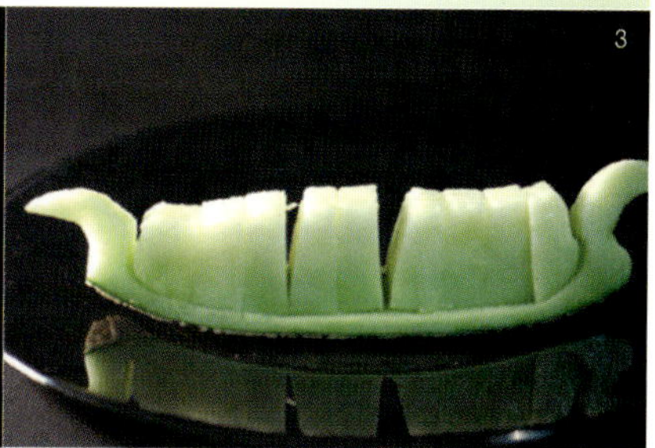

3

1 멜론 끝부분을 사진과 같이 깎아준다.

2 사진과 같은 모양으로 껍질을 분리한다.

3 먹기 좋은 크기로 조각낸다.

4 사진과 같이 교차하여 놓는다.

배의 특징을 살려 표현하기

배 모양내기 1

4

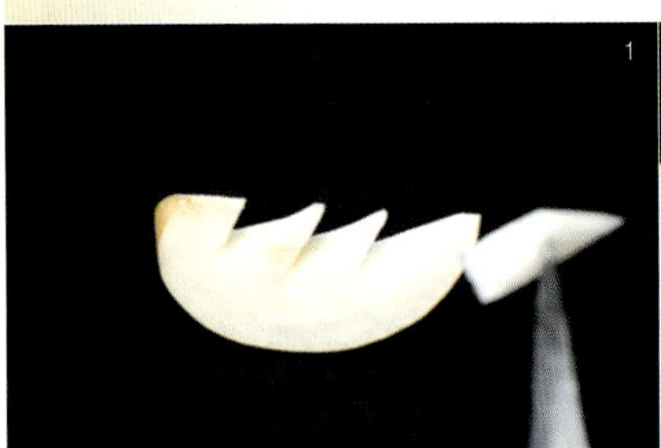

1

2

3

1 배를 8등분한 후 사진과 같이 모양을 낸다. 2 껍질과 과육을 분리하는 칼집을 넣는다. 3 사진과 같이 칼집을 넣는다. 4 3에 칼집 낸 부분을 세우고 방울토마토를 올린다.

배의 특징을 살려 표현하기

배
모양내기 2

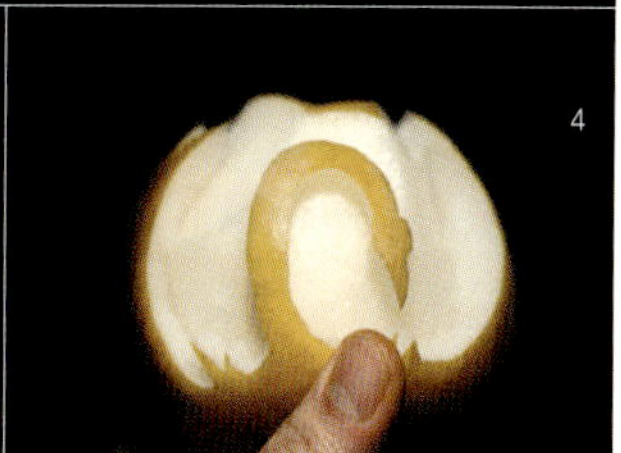

1 배에 백조 머리, 목을 그려준다. 2 날개를 그린 다음 칼집을 넣는다. 3 꼬리 쪽도 그린 다음 칼집을 넣고 그림 윗부분의 공간들을 조금씩 제거해 준다. 4 머리 쪽도 먼저 1㎝ 두께로 빈 공간을 제거한다. 5 사진과 같이 만든다.

먹음직스런 수박을 다양한 아이디어로 표현하기

수박 모양내기 1, 2

1-3

2-5

1-1

1-2

1-1 사진과 같은 수박 조각을 준비한다. **1-2** 칼집을 두 번 넣는다.
1-3 사진과 같이 껍질을 말고 수박 과육을 깎는다.

2-1

2-2

2-1 사진과 같은 수박 조각을 준비한다. **2-2** 사진과 같이 껍질부분을 약간 제거한다.

2-3

2-4

2-3 사진과 같이 칼집을 낸다. **2-4** 다시 사진과 같이 칼집을 낸다.
2-5 사진과 같이 껍질을 말고 과육을 깎은 다음 이쑤시개를 이용하여 포도를 꽂는다.

먹음직스런 수박을 다양한 아이디어로 표현하기

수박 모양내기 3

3

1

2

1 사진과 같이 수박을 자른다. 2 사진과 같이 칼집을 낸다. 3 껍질과 과육 사이에 칼집을 넣고 사진과 같이 만든다.

먹음직스런 수박을 다양한 아이디어로 표현하기

수박 모양내기 4

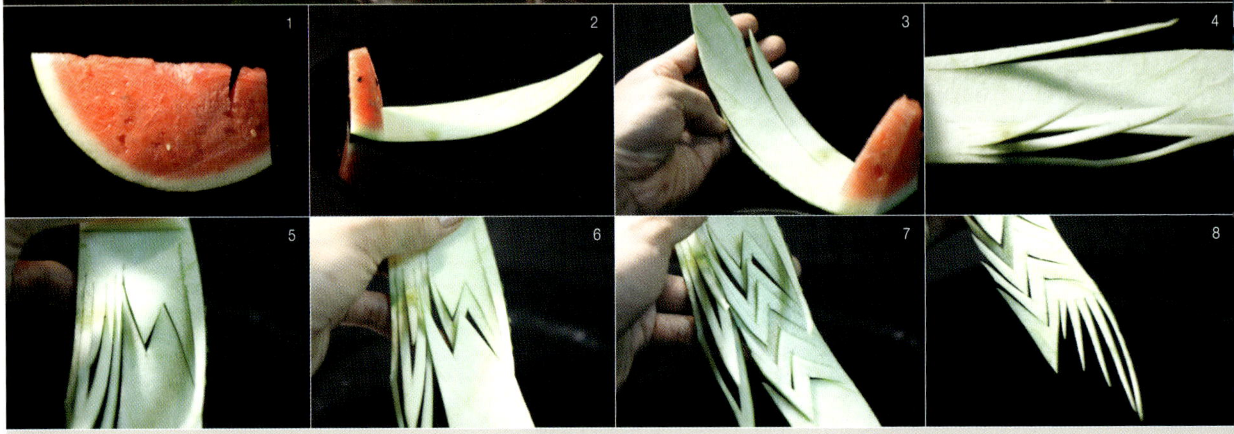

1 사진과 같이 수박을 준비한다. **2** 수박 1조각 정도만 남기고 자른 다음 껍질을 얇게 만든다. **3~8** 칼집을 사진과 같이 넣는다. **9** 완성

사과 느낌을 상징적인 조각으로 살려보기

사과 모양내기 1

4

1 2 3

1 사과 반을 자른다. **2** 사진과 같이 일정한 두께로 칼집을 넣는다. **3** 칼집 낸 사과를 반으로 자른다. **4** 사과를 사진과 같은 모양으로 만든 후 그 위에 각종 과일을 올린다.

사과 느낌을 상징적인 조각으로 살려보기

사과 모양내기 2

1 일부를 자른 사과에 사진과 같은 모양으로 칼집을 넣는다. **2, 3** 칼집을 사진과 같이 낸 후 모양을 낸다. **4** 새 목까지 외형을 그린 후 깎아준다. **5** 사진과 같이 완성한다.

사과 느낌을 상징적인 조각으로 살려보기

사과 모양내기 3

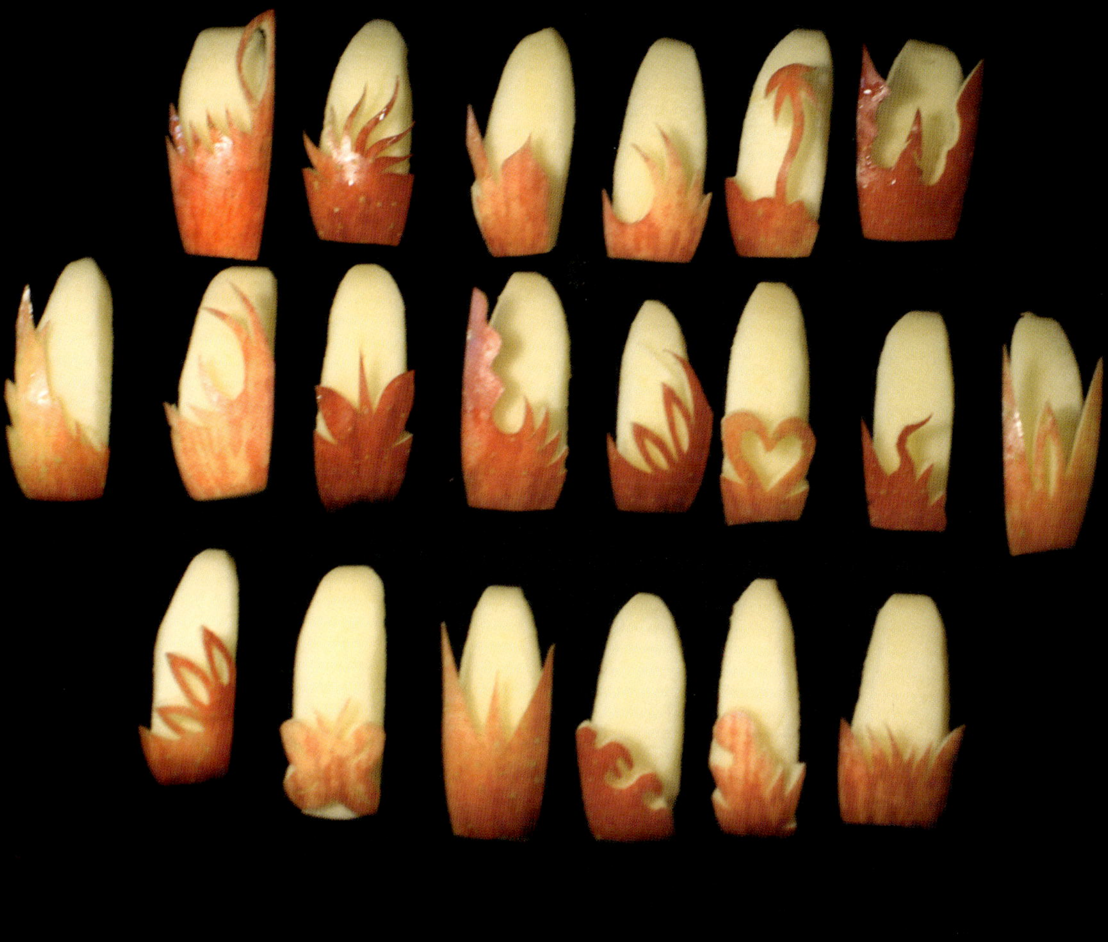

생동감 있게 파인애플 조각하기

파인애플 모양내기 1

5

1

2

3

4

1 껍질과 과육 사이에 칼집을 넣는다. **2** 사진과 같이 자른다. **3** 비스듬히 자른 후 반대로 끼워준다. **4** 사진과 같이 자른다. **5** 계단식으로 과육을 정리한다.

생동감 있게 파인애플 조각하기

파인애플 모양내기 2

3

1

2

1 파인애플을 조각 낸 후 칼집을 사진과 같이 넣는다. **2** 칼집을 넣고 정리한다. **3** 완성

신선하고 상큼한 귤 모양내기

귤 모양내기

1 주도(主刀)로 사진과 같이 칼집을 깊이 넣는다. 2 돌려가며 칼집을 넣은 후 분리한다. 3 체리를 얹어서 완성한다.

상큼한 오렌지 느낌을 살려 표현하기

오렌지 모양내기 1

5

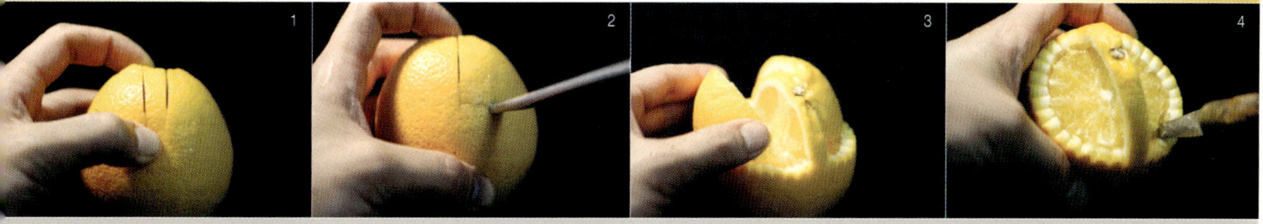

1 사진과 같이 칼집을 낸다. 2 U도로 2번의 칼집 낸 부분까지 돌려가며 찔러준다. 3 사진과 같이 양쪽을 빼낸다. 4 주도로 칼집을 내어 오렌지 과육을 빼낸다.
5 완성

상큼한 오렌지 느낌을 살려 표현하기

오렌지 모양내기 2

1 자른 오렌지에 칼집을 내준다. 2 껍질을 약간 더 잘라준다. 3 사진과 같이 칼집을 넣는다. 4 껍질을 뒤집어서 사진과 같이 만든다.

상큼한 오렌지 느낌을 살려 표현하기

오렌지 모양내기 3

4

1 오렌지 조각에 사진과 같이 칼집을 넣는다. 2 껍질에 사진과 같이 칼집을 한 번 더 내준다. 3 2에서 칼집 낸 껍질을 말고 사진과 같이 만든다. 4 완성

상큼한 오렌지 느낌을 살려 표현하기

오렌지 모양내기 4

4

1

2

3

1 오렌지에 칼집을 넣는다. 2 한 번 더 껍질에 칼집을 넣는다. 3 주도(主刀)로 칼집을 사진과 같이 넣는다. 4 껍질을 말아서 사진과 같이 만든다.

상큼한 오렌지 느낌을 살려 표현하기

오렌지 모양내기 5

· 전문가 한마디 ·

2번 사진처럼 일정한 두께와 깊이로 칼집을 내야 3번 사진과 같이 말아진다.

3

1

2

1 오렌지를 사진과 같이 자른다. **2** 껍질을 잘 벗겨서 사선으로 칼집을 넣는다. **3** 껍질을 말아서 이쑤시개로 꽂고 방울토마토로 장식한다.

상큼한 오렌지 느낌을 살려 표현하기

오렌지 모양내기 6

1

2

3

1 오렌지를 두께 1㎝로 3조각 자른다. **2** 반으로 나눈다. **3** 칼집을 사진과 같이 내고 껍질은 안쪽으로 말아둔다. **4** 오렌지를 큰 조각부터 밑에 놓고 쌓아서 완성한다.

상큼한 오렌지 느낌을 살려 표현하기

오렌지 모양내기 7

1 오렌지조각을 준비한다. 2 사진과 같이 칼집을 넣는다. 3 사진과 같이 만든다. 4 V모양으로 칼집을 내고 사진처럼 고정시킨다.
5 오렌지 중앙에 칼집을 6번 내서 사진과 같이 만든다(완성). 6 사진과 같이 5번 칼집을 낸다. 7 오렌지 양쪽에 일정하게 칼집을 내서 완성한다.

색다른 아이디어로 키위 조각하기

키위 모양내기

5

1 껍질을 벗긴 키위에 V도로 6개의 홈을 내준다. 2 썰어서 가지런히 놓는다. 3 키위를 사진과 같이 자른다. 4 칼집을 넣는다. 5 껍질을 말아서 이쑤시개로 고정시킨다.

PART 4

과일접시 작품

01 | *Fruit dishes*

02 | *Fruit dishes*

03 | *Fruit dishes*

04 | *Fruit dishes*

05 | *Fruit dishes*

06 | *Fruit dishes*

07 | *Fruit dishes*

08 | *Fruit dishes*

PART 5

식품조각 완성작품 감상

춤추는 선녀

| 까치 한 쌍 |

| 사자 | (상)
| 황소 | (하)

| 호랑이 | (상)
| 강태공 | (하)

수성

| 바다 선녀 |

포대화상

이태백 - 월하독작(月下獨酌)

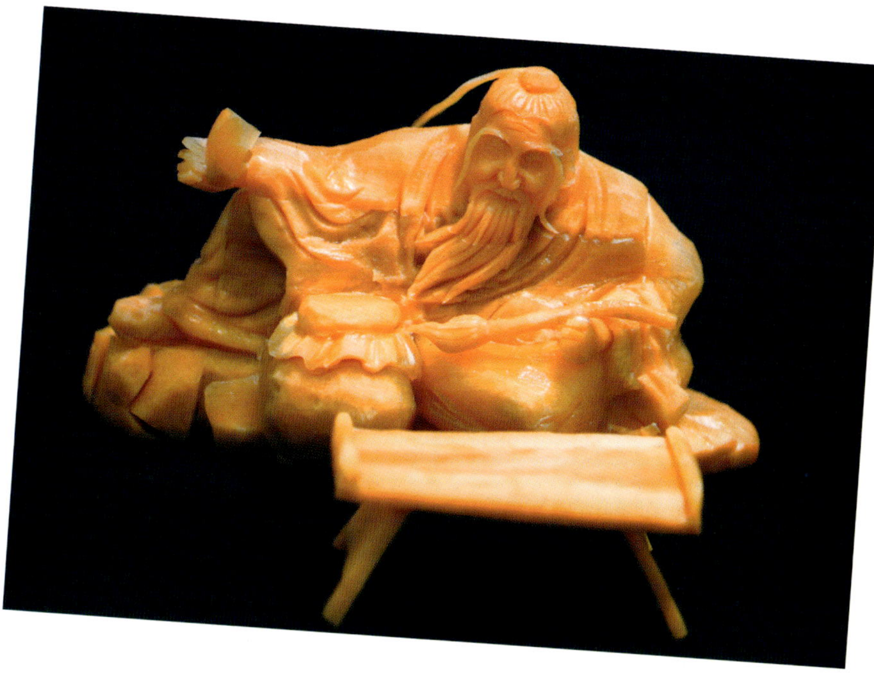

天若不愛酒 (천약불애주) 하늘이 술을 즐기지 않았다면
酒星不在天 (주성부재천) 하늘에 주성이 있을 리 없고
地若不愛酒 (지약불애주) 땅이 술을 즐기지 않았다면
地應無酒泉 (지응무주천) 땅에 어찌 주천이 있겠는가
天地旣愛酒 (천지기애주) 천지가 이미 술을 즐겼으니
愛酒不愧天 (애주불괴천) 술 즐김이 어찌 부끄러우랴
已聞淸比聖 (이문청비성) 듣기에 청주는 성인과 같고
復道濁如賢 (복도탁여현) 탁주를 일러 현인과 같다 하니
聖賢旣已飮 (성현기이음) 성현을 이미 다 마신 후에
何必求神仙 (하필구신선) 신선은 더 구하여 무엇하랴
三盃通大道 (삼배통대도) 석 잔 술에 큰 도와 통하고
一斗合自然 (일두합자연) 한 말에 자연과 하나 되거니
俱得醉中趣 (구득취중취) 취하고 취하여 얻는 즐거움을
勿謂醒者傳 (물위성자전) 깨어 있는 이에게 전하려 말라

- 이 태 백 -

| 관우 |

| 물고기 잡는 소년 |

| 손오공 | (상)
| 피리 부는 선녀 | (하)

| 용 |

| 술 마시는 도인 |

| 매 |

| 수박조각 1 |

수박조각 3

수박조각 5

수박조각 7

| 수박조각 9 |

| 기축년 새해맞이 수박 |

| 장수 수박 |

| 회갑 수박 |

| 봉황냉채 | (상)
| 장수새(젤라틴) | (하)

| 중화괴 |

| 말 |

| 매 한 쌍 | (상)
| 원앙 한 쌍 1 | (하)

앵무새

| 독수리 |

| 기린 |

| 운룡 | (상)
| 닭 | (하)

| 백조 조봉 1 | (상)
| 백조 조봉 2 | (하)

| 용과 봉황 1 | (상)
| 용과 봉황 2 | (하)

| 용과 봉황 3 | (상)
| 신선과 선학 | (하)

| 봉황 |

| 선학 |

선녀와 선학

| 비상하는 선학 1 |

| 비상하는 선학 2 |

| 봉황 한 쌍 | (상)
| 금닭 한 쌍 | (하)

| 봉황 |

| 백로 | (상)
| 뻐꾸기 | (하)

| 꽃다발 |

| 새와 화병 | (상)
| 화병 | (하)

| 월계화 화병 | (상)
| 모란 화병 | (하)

| 대려화 화병 1 | (상)
| 대려화 화병 2 | (하)

| 신선과 선학 | (상)
| 어신 | (하)

| 용궁 | (상)
| 금붕어 | (하)

| 왕새우 | (상)
| 등용문 | (하)

| 호박함 | (상)
| 원앙 한 쌍 2 | (하)

| 산양 | (상)
| 기린 | (하)

금닭

| 용조 |

| 바닷가재 | (상)
| 해마 | (하)

| 열대어 | (상)
| 상어 | (하)

잉어 한 쌍

| 백로 한 쌍 |

| 삼봉 | (상)
| 쌍용 | (하)

| 봉황과 기린 | (상)
| 용과 봉황 4 | (하)

용과 선녀

| 토끼와 거북이 | (상)
| 용과 말 | (하)

| 용과 기린 | (상)
| 천마와 기린 | (하)

| 공작 | (상)
| 천마 | (하)

| 참새 한 쌍 | (상)
| 사슴과 산양 | (하)

| 꽃게 | (상)
| 선녀와 어신 | (하)

장수 기원 수박등

| 3단 수박등 |

| 수박 꽃바구니 |

풀세트 꽃바구니

수박등과 꽃바구니 1

| 수박등과 꽃바구니 2 |

수박등과 꽃바구니 3

수성 (스티로폼)

피리 부는 선녀 (스티로폼)

| 하프 치는 선녀 (스티로폼) |

| 매 (스티로폼) |

| 용 (스티로폼) |

| 백조 (스티로폼) | (상)
| 잉어 (스티로폼) | (하)

〈저자소개〉 **최 은 선**

강원관광대학교 조리학과 졸업
중국 선양 기선식품조각학교 고급반 이수
중국 다롄 공영해식품조각학교 고급인물조각반 이수
용평리조트 근무, 중식당 연경 · 드마리 · 동천홍 근무
중국 요녕호텔 근무, JW메리어트호텔 서울 중식당 근무
중국국제식신요리대회 식품조각 부문 금상(작품명: 용배 응원군)
서울국제요리대회 식품조각 부문 은상(작품명: 십장생과 신선)
서울요리학원 식품조각 강사, 한솔요리학원 식품조각 강사
한국조리사관전문학교 외래교수, 현 국방부 국방회관 중식당 근무
다음, 네이버 식품조각 카페 운영
(http://cafe.daum.net/0182916204, http://cafe.naver.com/lovecarving)

식품조각 수강문의 및 조각도구 상담
010-3993-3968

쉽게 배우는 **식품조각**

2012년 4월 30일 초판 인쇄
2012년 5월 7일 초판 발행

지 은 이 • 최 은 선
발 행 인 • 김 홍 용
펴 낸 곳 • 도서출판 **효일**
디 자 인 • 에스디엠
주　　소 • 서울특별시 동대문구 용두동 102-201
전　　화 • 02)928-6644
팩　　스 • 02)927-7703
홈페이지 • www.hyoilbooks.com
E-mail • hyoilbooks@hyoilbooks.com
등　　록 • 1987년 11월 18일 제6-0045호

값 22,000원

ISBN 978-89-8489-323-8